KB203901

신앙의
법칙

PRINCIPLES OF FAITH

신앙의 법칙

최은희 지음

창세기

하나님이 약속하신 복을
누리는 법칙

TnD북스

"모든 성경은 하나님의 감동으로 된 것으로

교훈과 책망과 바르게 함과 의로 교육하기에 유익하니

이는 하나님의 사람으로 온전하게 하며

모든 선한 일을 행할 능력을 갖추게 하려 함이라"(딤후 3:16-17).

목 차

우리를 향한 하나님의 섭리는 정말로 오묘합니다.

사람들에게 잘난 척하기 위해서, 교회 안에서 사람들에게 인정을 받기 위해서 성경을 읽기 시작한 나의 어리석은 계기와 목적을, 하나님은 결국 나로 하여금 하나님이 어떤 분이시며 내가 어떤 존재인지를 깨닫게 하시는 축복의 시작으로 사용하셨습니다. 그리고 그 성경 말씀으로 하나님 앞에서 겸손이 무엇인지를 알아가는 사람으로 하나님은 나를 변화시키셨습니다.

그렇게 성경을 읽는 기쁨을 누리던 어느 날, 출애굽기 13장 19절의 말씀을 묵상하던 중에 저는 언어로 표현할 수 없는 뜨거운 감동의 상태를 경험했습니다. 그리고 그 말씀을 통해서 하나님 나라의 일에 헌신하라는 부르심을 받았습니다.

이스라엘 자손이 애굽 땅에서 대열을 지어 나올 때에 모세가 요셉의 유골을

가졌으니 이는 요셉이 이스라엘 자손으로 단단히 맹세하게 하여 이르기를

하나님이 반드시 너희를 찾아오시리니 너희는 내 유골을 여기서 가지고 나

가라 하였음이더라. _____ 출 13:19

"요셉은 이미 430년 전에 죽었는데, 애굽에서 노예로 살던 이스라엘 백성들은 어떻게 요셉의 유언을 기억하고 출애굽의 급박한 상황에서 요셉의 유골을 메고 나올 수 있었을까?"

"430년이라는 시간이 흘렀고, 그 기간 동안에는 아브라함이나 야곱이나 요셉과 같은 지도자도 없었는데, '아브라함의 하나님, 야곱의 하나님, 이삭의 하나님이 너희를 애굽에서 구원하기 위하여 부르신다'는 모세의 말을 듣고 이스라엘 백성이 다 따라 나올 수 있었다니…."

"아! 이거구나. 그 오랜 세월 동안 많은 사람들이 낳고 죽고 살고 죽고를 반복하였지만, 잠시도 끊이지 않고 언약의 하나님에 대한 신앙 교육이 있었구나. 성경에는 기록되지 않았지만, 이름도 없고 빛도

없는 무명의 신앙인들이 자기 시대에 자신의 자리에서 자신이 전해야 할 사람들에게 정확히 하나님의 언약의 말씀을 가르쳤구나."

"나도 내가 만난 하나님을, 내가 맛본 하나님의 말씀을 이 시대에 전하고 가르쳐야 하는구나. 하나님의 구속역사 속으로 나를 부르신 하나님이 그래서 나에게 진리의 말씀을 먹이셨구나!"

그 동안 성도들과 나눈 성경 공부의 내용을 바탕으로 『신앙의 법칙 시리즈』의 원고를 정리하면서, 하나님의 변함없는 사랑과 그 하나님의 위대하신 속성들을 깨달아가는 것은 저에게 큰 즐거움이었습니다. 그런데 시리즈의 첫 번째 책이 될 창세기편 원고를 탈고하면서, 심한 자책감으로 인해 집필을 마무리하지 못하는 갈등의 시간이 있었습니다.

"나는 하나님의 말씀과 가르침에 과연 얼마나 철저히 지배받고 사는 경건한 사람인가?"

갈등과 고민 중에, 하나님은 고린도후서의 말씀을 통해서 저를 회복시켜 주셨고 집필을 마무리할 수 있도록 도와주셨습니다.

> 어두운 데서 빛이 비치라 말씀하셨던 그 하나님께서 예수 그리스도의 얼굴
> 에 있는 하나님의 영광을 아는 빛[지식의 빛, 성경을 깨달음]을 우리 마음에
> 비추셨느니라.   ___ 고후 4:6

말씀을 깨닫게 하고 우리의 내적인 시력, 영의 눈을 열어 주시는 하나님은, 그 깨달음을 통해서 우리가 그리스도의 영광을 보고 그 안에서 자유함과 기쁨을 누리기를 원하시지, 나의 연약의 문제를 탐닉하는 어리석은 행동을 기뻐하지 않으신다는 것을 알게 하셨습니다.

나의 허물과 죄를 시인하는 것과 죄책감에 시달리며 헤어나오지 못하는 것은 다릅니다. 그런데 연약과 허물의 구덩이에서 나오라고 우리에게 베푸시는 하나님의 은혜를, 우리는 얼마나 자주 싸구려 헐

값으로 팔아버리려는 어리석은 행동을 하는지 모릅니다.

허물과 죄를 깨닫게 하시는 하나님은 법정에서 우리에게 구형을 하는 검사가 아니라, 우리를 끝까지 변호하시는 사랑의 변호사이십니다. 우리에게 허물이 있을수록 변함없이 사랑을 베푸시는 하나님을 신뢰하며 의지할 수밖에 없으니, 이것이 은혜입니다.

> 내가 여호와께 범죄하였으니 그의 진노를 당하려니와 마침내 주께서 나를
> 위하여 논쟁[탄원]하시고 심판하시며 주께서 나를 인도하사 광명에 이르게
> 하시리니 내가 그의 공의[변론]를 보리로다.   _____ 미 7:9

성경에 등장하는 수많은 인물들! 특별히 택함 받은 언약의 백성들! 그들은 대부분 문제 투성이인 가정에서 문제 투성이인 가족들과 함께 문제 투성이인 세상을 향해 살았습니다. 그리고 그들의 모든 문제는 하나님을 제대로 알지 못하고 신뢰하지 못하여서 그 말씀에 불순

종한 것에서 시작했습니다. 그러나 자기 백성을 향하여 변함없이 신실한 사랑(헤세드)을 베푸시는 하나님이 늘 그들과 함께 하심을, 성경은 우리에게 가르쳐 줍니다.

우리는 이 시대를 살아가는 하나님 나라의 주인공들입니다. 이 책과 함께 성경 말씀을 읽고 배워서 우리를 향한 하나님의 사랑을 먹으며 우리의 문제를 해결 받기를 원합니다.

『신앙의 법칙 시리즈』가 읽는 모든 분께, 하나님을 경외하여 하나님 앞에서 겸손한 자가 되고, 경건의 삶을 실천함으로 하나님이 약속하신 축복을 누리고, 하나님을 기쁘시게 하는 신앙의 길로 인도하는 책이 되기를 기도합니다.

아멘! 아멘! 아멘!

2014. 5. 20
최은희

성경이 주는 유익

세상에는 성경 말고도 사람들의 사상과 생각을 가지고 나름대로 경건하고, 거룩하고, 좋은 것으로 이끌어가는 도덕책과 철학책과 명언집들이 있다. 그러나 그런 것들에서는 찾아볼 수 없는 완전하고 절대적인 진리가 있는데, 이 진리는 오직 하나님의 말씀인 성경에만 들어 있다.

> 모든 성경은 하나님의 감동으로 된 것으로 교훈과 책망과 바르게 함과 의로 교육하기에 유익하니, 이는 하나님의 사람으로 온전하게 하며 모든 선한 일을 행할 능력을 갖추게 하려 함이라. _____ 딤후 3:16-17

이것이 성경이다. 성경은 하나님의 감동, 즉 성령에 의해서 기록된 것이다. 그래서 그 성경을 읽고 깨닫는 자에게 성경은 교훈을 주고,

책망하고, 바르게 해 주고, 의로 교육하는 일을 한다. 또한 그렇게 하기에 아주 유익하다.

'유익하다'(profitable)의 뜻은 무엇일까? 밥을 먹으면 몸에 유익하고, 신발을 신으면 발에 유익하다 라고 말한다. 그런데 성경이 유익을 준다는 것은, 유익을 주는 여러 요소 중에서도 가장 큰 유익을 준다는 것을 뜻한다. 세상의 지식에서 찾을 수 없는 답에 대하여 성경은 교훈을 주는 유익, 책망하는 유익, 바르게 해 주는 유익, 의로 교육하는 유익을 준다.

먼저 교훈을 한다는 것은 그야말로 가르친다는 것이다. 성경은 우리에게 하나님이 어떤 분이신지를 가르치고 우리 삶의 도리를 가르친다. 성경은 모든 것을 가르친다. 그런데 가르칠 뿐만 아니라 그 가르침을 받는 사람에게 책망도 한다.

우리는 책망을 잘못한 것에 대해서 "어! 너, 잘못했어"라고 야단치는 것으로만 생각할 수 있다. 하지만 성경의 책망은 단순히 야단치는 정도의 책망이 아니다. 잘못한 것을 지적해 주고, 무엇이 잘못되었는지 우리로 하여금 알게 하고, 그 잘못된 것을 어떻게 처리해야 잘된 것으로 변화시킬 수 있는지도 알려 준다. 그리고 지적을 받은 우리가 바른 길로 온전히 갈 수 있다는 것을 보증해 주는 것까지가 성경이 주는 책망이다.

디모데후서 3장 16절의 책망을 뜻하는 영어단어 'Reproof'를 가지고 성경 말씀이 우리에게 어떻게 책망하는지 생각해 보자. 'Re-'는 '다시'이고, 'proof'는 '증명하다'이다. 즉 '다시 증명하다'는 뜻이다. 또한 'proof'는 '방수를 치다'라는 뜻이 있어서, 'Reproof'는 '다시 방수를 치다'라는 뜻이 있다. 방수를 쳤는데 물이 새는 곳이 생기면 "어! 이거 물 새잖아"하고 끝나는 것이 아니라, 물이 새는 자리를 찾아서 물이 새지 않도록 방수를 다시 친다는 뜻이다.

이처럼 하나님이 성경 말씀으로 우리를 책망하시는 것은 잘못한 것을 야단치시는 것으로 끝나는 것이 아니다. 물이 샜던 곳을 새지 않게 해 줄 뿐만 아니라, 앞으로도 물이 새지 않도록 보증과 확증까지 해 주는 것이 성경이다.

그 다음에 성경은 우리를 바르게 해 준다. 내가 무엇을 잘못하였는지 알게는 되었다 하더라도, 그럼 어떻게 하는 것이 바르게 하는 것인지까지는 우리가 모른다. 그래서 성경은 "그건 잘못되었으니, 이렇게 하라"고 올바로 가는 길로 수정해 주고 그 방법도 알려 준다.

그러나 우리에게는 어떻게 하는 것이 바른 것인지 알게 되었음에도 불구하고 계속적으로 지키지 못 하는 연약이 있다. '작심 3일'과 같은 우리의 습성을 하나님은 잘 아신다. 그래서 계속적으로 책망하고, 지적하고, 바른 것을 알려 주고, 실천해 나갈 수 있도록 반복적으로 교육과 훈련을 시키신다.

이렇게 성경의 가르침은 우리에게 반복 심화과정을 거치게 하여서 능력을 갖추게 하고, 결국 하나님이 맡기신 선한 일에 최상의 적임자가 되게 해 준다. 성경에는 이런 유익한 능력이 있다. 그래서 우리는 성경을 잘 배워야 한다.

결론적으로 성경은 디모데후서 3장 17절에서 말하듯이, 하나님의 사람으로 하여금 온전하게 하고, 온전하여진 사람이 모든 선한 일을 행할 능력을 갖추도록 한다. 그러기 위해서 성경은 우리를 교훈하고, 책망하고, 바르게 하고, 의로 교육한다.

성경 공부의 목적

첫째, 성경 공부를 통해 하나님이 어떤 분이신지를 제대로 알아가자. 그리고 바로 알되 깊이 아는 것을 목적으로 두자. 하나님을 제대로 알고 깊이 알아야만 하나님을 **경외**할 수 있기 때문이다.

둘째, "나" 자신이 어떤 존재인지, 내가 어떤 영적 상태에 있는지를 알자. 그리고 나의 상태를 하나님께 솔직히 시인하자. 하나님 앞에서 자신의 모습을 있는 그대로 겸손히 시인하는 사람은 영혼의 부요함을 누리는 자이다. 형통하든지, 빈곤하든지, 병약하든지, 곤핍한 상태이든지 긍휼을 베푸시는 하나님께 나의 처지를 고백하면 하나님의 인도하심을 받을 수 있다. 상한 심령이 누리는 **겸손**, 바로 이것이 두 번째 성경 공부의 목적이다.

셋째, 하나님을 기쁘시게 하는 경건의 삶이 어떤 것인지 알아가자. 하나님을 제대로 알고 경외하며, 그 하나님 앞에서 겸손한 신앙의 소유자가 되어, 성경 말씀의 가르침에 철저히 지배받는 **경건**의 삶을 살 때 하나님을 기쁘시게 하는 신앙인이 될 수 있다.

신앙의 법칙

경외 | 하나님이 어떤 분이신지 제대로 알기
겸손 | 그 하나님 앞에서 나의 나 됨을 시인하기
경건 | 말씀에 지배받아 하나님이 기뻐하시는 삶 살기

창세기

하나님이 약속하신 복을
누리는 법칙

PRINCIPLES OF FAITH

1
PART

창조
하나님의 형상
타락
메시아의 약속

창세기 1-4장

"태초에 하나님이 천지를 창조하시니라"(창 1:1).

성경의 첫 시작은 하나님이 어떤 일을 하셨는지를 밝히며 시작한다. 즉 하나님의 천지창조가 우리 신앙의 근거와 출발임을 알려 준다. 그래서 태초에 하나님이 천지를 창조하셨다는 것을 믿지 않으면서 "나는 하나님을 믿는다"라고 말한다면 이는 무늬만 있고 내용은 없는 우스꽝스러운 종교 행위가 된다.

창세기 1장 1절의 말씀을 믿는다는 것은 내가 믿는 하나님이 실제로 온 세상을 창조하신 창조주이시며, 영원 전부터 영원까지 스스로 계신 분으로 믿는 것이다.

하나님은 우리의 이해의 대상이 아닌 믿음의 대상이시다. 시간과 공간의 제한을 받는 존재, 피조물인 인간은 창조주 하나님을 완전히 이해할 수 없다. 그래서 하나님을 우리의 3차원적 사고와 언어로 최대한 표현한 것이 성경에서 말하는 '스스로 계시다'이다.

정말로 하나님이 태초에 천지를 창조하셨다. 무에서 유를 창조하셨다. 각기 그 종류대로 만물을 창조하셨다. 그 하나님은 스스로 계시고, 무한하시고, 영원하시고, 전능하시고, 거룩하시고, 세상을 창조하고 다스리시는 분이다. 이러한 하나님의 모든 속성을 믿는 것이 우리 신앙의 출발이다.

따라서 하나님이 천지를 창조하셨다는 진리는 인간의 본질과 역사의 시작이며, 신앙의 출발선이다.

경외 | 겸손 | 경건

CHAPTER 1

하나님의 창조

인생의 목적:
주신 복을 누리며 하나님을 기쁘시게 하는 삶

하나님은 천지만물을 창조하실 때마다 창조하신 것을 보시고 "보시기에 좋았더라"라는 말씀을 반복하셨다. 그리고 6일 동안의 창조를 마치시고 이렇게 말씀하셨다. "하나님이 그 지으신 모든 것을 보시니 보시기에 심히 좋았더라"(창 1:31).

피조세계를 향한 창조주 하나님의 평가를 통해 우리는 무엇을 알 수 있을까? 하나님의 창조가 완전하고, 온전하고, 흠이 없고, 부족한 것이 없음을 알 수 있다.

하나님이 보시기에 좋기 위하여, 하나님이 기뻐하시기 위하여, 하나님의 영광을 위하여 온 세상이 창조되었다. 그러므로 지으심을 받은 모든 피조물은 하나님의 영광을 드러내는 존재로 쓰임 받는다. 하나님은 그 많은 피조물을 각기 그 종류대로 창조하시고 마지막에 사람을 창조하셨다. 하나님이 기뻐하시기 위해서 사람을, '나'를 만드신 것이다.

하나님은 사람을 창조하시고 복을 주셨다. 그 복은 번성하여 모든 생물을 다스리라는 명령으로 주어졌다(창 1:28). 그래서 하나님이 우리에게 주신 복을 받아 누리며 사는 것은 성도의 특권이자 의무이다.

> 천지와 만물이 다 이루어지니라. 하나님이 그가 하시던 일을 일곱째 날에 마
> 치시니 그가 하시던 모든 일을 그치고 일곱째 날에 안식하시니라. 하나님이
> 그 일곱째 날을 복되게 하사 거룩하게 하셨으니 이는 하나님이 그 창조하시
> 며 만드시던 모든 일을 마치시고 그날에 안식하셨음이니라. _____ 창 2:1-3

하나님은 "보시기에 좋았더라"라는 말씀을 하심으로, 피조물을 통하여서 하나님의 영광이 나타나고 있음을 스스로 선언하신다. 그리고 피조세계를 향하여 복을 주실 때 지으심을 받은 사람에게는 만물을 다스려 하나님을 기쁘시게 하라고 복(안식)을 주신다. 따라서 하나

님이 주신 복을 받아 누리는 것이 사람이 살아가는 최고의 방법이다.

이것은 복 받기를 인생의 목적으로 하는 기복신앙과는 절대적으로 다르다. 우리는 나를 위해서가 아니라 하나님을 기쁘시게 하기 위해서 복을 받은 사람들이다. 그래서 우리가 받은 복은 확실하며 취소되지 않으며 영원히 보장된 것이다. 그러므로 우리는 하나님의 말씀과 계명을 부담으로 여기지 않고 오히려 이로 인해 크게 즐거워할 수밖에 없다(시 112:1).

하나님 여호와의 이름에 붙들려 있는 자는 보장된 복을 받으며, 용서의 은혜를 입고, 하나님이 함께 하시는 평강을 얻는다(민 6:24-27). 또한 우리가 달라고 간청하기 전에 하나님이 우리에게 먼저 찾아오셔서 복을 주신다. 그래서 우리는 이것을 하나님의 절대주권적인 은혜라고 말하며, 예수 그리스도 안에서 이 복을 완전하고 영원한 안식으로 얻는다.

성경이 말하는 것 이외의 세계관이나 종교나 철학을 따라 사는 인생의 목적은 전도서의 기자가 말하듯 "헛되고 헛된" 것이다. 그리고 헛됨에 빠진 인생은 인생의 답을 찾지 못 한다. 허무한 가운데 "죽느냐 사느냐 그것이 문제로다"만을 되풀이하며, 극단적인 경우에는 자살을 선택하기까지도 한다. 따라서 하나님의 창조를 믿지 않는 것은 사람의 존재의 의미와 인생의 참된 목적을 거부하는 행위가 된다.

전도자가 이르되 헛되고 헛되며 헛되고 헛되니 모든 것이 헛되도다.

_____ 전 1:2

모든 만물이 피곤하다는 것을 사람이 말로 다 말할 수는 없나니 눈은 보아도 족함이 없고 귀는 들어도 가득 차지 아니하도다. _____ 전 1:8

살아가는 것은 피곤하다. 게다가 사람은 살기 위해서 수고해야 한다. 그런데 그 수고함조차 헛되다고 한다. 또한 사람이 피곤할 뿐만 아니라 만물도 피곤하다고 한다. 참으로 이상하다. 하나님이 창조하신 모든 것이 좋다고 하셨는데, 완전하고, 온전하고, 아름답고, 하나님의 영광을 드러내기에 합당하다고 하셨는데, 전도서의 전도자는 헛되고 헛되며 수고함이 너무 힘들고 피곤하다고 한다. 도대체 왜 그런 것일까?

이것은 하나님이 창조하신 창조세계 자체에 문제가 있어서가 아니다. 창조하신 피조물 중에서 가장 으뜸되게 창조된 사람이, 창조의 목적에 어긋나게 살았기 때문이다. 그래서 인간만 헛됨 속에서 수고의 고통을 받고 사는 것이 아니라, 인간의 잘못된 행위로 인하여 만물이 심히 피곤한 지경에 이르게 되었다.

일의 결국을 다 들었으니 하나님을 경외하고 그의 명령들을 지킬지어다 이

것이 모든 사람의 본분이니라. 하나님은 모든 행위와 모든 은밀한 일을 선악

간에 심판하시리라.　　　　　　　　　　　_____ 전 12:13-14

　사람의 본분, 피조물의 본분을 잊고 살았기 때문에 피곤한 것이다. 하나님이 왜 이 세상을 창조하셨는지, 왜 사람을 창조하셨는지, 그 본분을 피조물인 인간이 잊고 잘못 살았기 때문에 피곤하고 헛된 것이다. 이것을 깨달은 전도자는 전도서를 이렇게 마무리 짓는다.

　"일의 결국을 다 들어 보니, 내 인생이 왜 이렇게 피곤한지, 만물이 왜 이리도 심히 피곤한지 알겠습니다. 하나님을 경외하지 않고 하나님의 명령을 지키지 않았기 때문이었습니다. 그러므로 인생과 만물이 피곤한 길에서 벗어나는 길은 하나님을 경외하는 것입니다."

　이처럼 하나님의 창조를 받은 모든 피조세계는 하나님의 영광을 나타내기 위해서 지으심을 받았다. 특별히 인간에게는 창조주이신 하나님을 경외하고, 그 하나님이 인간에게 하신 명령을 즐거워하며 지켜야 할 본분이 있다. 그래서 웨스트민스터 소요리문답은 첫 질문을 이렇게 시작한다.

　Q 1. 사람의 제일된 목적은 무엇인가?

　A 1. 사람의 제일된 목적은 하나님을 영화롭게 하며 그를 영원토록 즐거워하

　　　는 것이다.

하나님을 영화롭게 한다는 것은 하나님의 영광을 드러내는 것, 하나님이 하나님 되심을 나타내는 것이다. 그러기 위해서 성도는 하나님이 기뻐하시는 모습으로 살아야만 한다.

하나님의 영광

"하나님의 영광을 나타낸다."
"하나님의 영광을 위하여 산다."
우리가 자주 하는 말이다. 그런데 이 말의 뜻은 최초에 하나님의 영광이 100이었는데 하나님의 명령을 지키고 순종하면서 하나님의 영광에다가 내가 더 보태어 100을 110이나 120으로 만든다는 것일까? 아니다. 성도가 하나님을 기쁘시게 하면 할수록, 하나님의 영광이 점점 늘어나고 커지는 것으로 잘못 이해해서는 안 된다.
사람이 하나님께 영광을 보태지 않으면 하나님은 영광을 받으실 길이 없다? 이것도 아니다. 어떻게 피조물인 인간이 감히 거룩하신 하나님의 본체인 영광을 보탤 수가 있겠는가? 그렇게 생각한다면 이는 피조물인 사람이 창조주이신 하나님보다 우월한 존재라는 오류를 범하는 것이다.
하나님의 영광은 원래부터 무한하고 충만하다. 그런데 그 무한하고 충만한 영광이 피조세계를 통해서 반영되고 드러나는 것이다. 햇빛이 거울에 비치면 그 거울이 햇빛을 반사하는 것처럼 하나님의 영광이 피조세계를 통하여 드러난다.

하나님의 완전하고, 무한하고, 영원하고, 충만한 영광을 잘 드러내도록 사는 것이 모든 피조물, 특히 우리 인간의 할 일이다. 그래서 우리의 사는 모습은, 다른 말로 해서 성도의 삶의 목적은 "하나님이 보시기에 좋았더라"라는 창세기의 말씀처럼 하나님이 보시기에 좋고, 기뻐하시는 내용이어야 한다.

피조물이 하나님의 영광을 나타내는 데에는 두 가지 길이 있다. 하나는 하나님이 기뻐하시지 않는 모습으로, 다른 하나는 하나님이 기뻐하시는 모습으로 드러내는 길이다. 성경은 악인도 악한 날에 악한 일을 통해서 하나님의 영광을 드러낸다고 가르친다(잠 16:4). 물론 그들의 결국은 심판이고, 하나님의 공의를 통해서 하나님의 영광을 드러내는 데 사용될 뿐이다.

성도인 우리가 그렇게 살아서는 안 된다. 성도는 하나님의 영광을 하나님이 기뻐하시는 모습으로 드러내야 한다. 하지만 타락한 피조세계와 죄인인 인간은 하나님의 영광을 온전하게 드러낼 수 없다. 그래서 죄인인 인간은 먼저 그리스도 안에서 새로운 피조물이 되어야만 하나님이 기뻐하시는 모습으로 하나님의 영광을 나타낼 수 있다(고후 5:17).

"사느냐 죽느냐, 그것이 문제로다." 아니다. 사람은 어차피 죽는다. 문제는 "왜 사느냐?"이다. 그리고 이 문제의 답을 찾게 되면 자동적으로 "어떻게 사느냐"의 질문이 나온다. "하나님이 기뻐하시는 모습으로 사느냐, 하나님이 기뻐하시지 않는 불의한 모습으로 사느냐?" 이것이 문제이다.

어떻게 살든 모든 피조물은 하나님의 주권 아래에서 하나님의 영광을 드러내는 수단으로 쓰이며 산다(수 7:19). 기억하기 바란다. 우리가 고민할 것은 하나님의 영광을 드러내느냐 못 하느냐가 아니라, 어떤 모습으로 드러내느냐 이다.

허무라는 미련한 결론

하나님의 창조를 어떤 신화나 설화, 내지는 만들어 낸 이야기로 생각하면서 하나님을 믿는다고 하는 어리석은 사람들이 간혹 있다. 그리고 진화론을 당연한 것으로 받아들이는 세상 학문도 있다. 우리도 학교에서 진화론을 배웠다.

하나님의 창조를 믿지 않고 부인하는 것은 존재의 본질을 모르고 인생의 참된 목적을 거부하는 것이다. 이럴 때는 인생에 대한 해답이 없다. 하나님의 창조를 거부하고 인생의 존재 목적을 거부하기 때문에 당연히 인생의 길에서 답을 찾을 수가 없다. 각자 자기 소견에 옳은 대로 이런저런 가설들을 말할 뿐 그것은 진리가 아니기 때문에 거기에는 해결책이 없다.

그래서 창조를 믿지 않는 사람들은 결국 인생의 끝인 죽음에서 가장 큰 비극을 맞이한다. 그리하여 그들은 "허무하다! 아무것도 없다! NOTHING!"이라는 미련한 결론을 내린다.

1 하나님의 창조를 신앙의 출발선으로 하자

원숭이가 진화하여 사람이 되었다는 진화론을 믿는 바보가 되지 말자. 진화론이 대세인 세상에서 잠깐 손해를 본다 하더라도 창조를 믿는 좁은 문으로 들어가자.

하나님이 천지만물을 창조하셨다는 창조론으로 신앙의 그릇을 만들어, 이 그릇 안에 아름답고 귀한 것들을 평생 담아 가는 신앙인이 되자.

2 하나님이 주신 복으로 인생의 그림을 그리자

하나님을 기쁘시게 하기 위해서 우리가 복을 받았다는 것을 기억하자. 절대주권의 하나님이 자기 목적을 위해 우리에게 복을 주셨으니, 더 이상의 보증서가 필요 없다.

이 복을 물감으로 삼아 하나님을 기쁘시게 하는 인생의 그림을 그리자. 멋지게 그려서 내가 가지고 있는 신앙의 그릇을 꾸며 보자. '성경 말씀'이란 안내서를 따라 즐거워함으로 안식하며 내 신앙의 그릇을 장식해 보자.

3 선한 일을 열심히 반사시키는 영광의 거울이 되자

연약과 미련과 허물 때문에 나에게서는 그 어떤 선한 것도 나올 수 없다고 낙심하지 말자. 내 생각대로 착각하여 하나님 앞에서 교만하지도 말자.

모든 불법에서 우리를 속량하시고 우리를 깨끗하게 하신 그리스도 예수를 오직 의지하며 선한 일을 열심히 행하자. 우리가 행하는 선한 일을 통해서 하나님의 영광을 나타내시기 위하여 우리를 자기 백성으로 삼으신 것을 기억하자(엡 2:10; 딛 2:14).

경외 ㅣ 겸손 ㅣ 경건

CHAPTER 2

하나님의 형상

하나님의 형상을 입은 사람

하나님은 다른 피조물들을 지으신 것과는 다르게 특별한 방법으로 사람을 창조하셨다.

하나님이 이르시되 우리의 형상을 따라 우리의 모양대로 우리가 사람을 만들고 그들로 바다의 물고기와 하늘의 새와 가축과 온 땅과 땅에 기는 모든 것을 다스리게 하자 하시고, 하나님이 자기 형상 곧 하나님의 형상대로 사람을 창조하시되 남자와 여자를 창조하시고, 하나님이 그들에게 복을 주시며 하나님이 그들에게 이르시되 생육하고 번성하여 땅에 충만하라, 땅을 정복하라. 바다의 물고기와 하늘의 새와 땅에 움직이는 모든 생물을 다스리라 하시니라.

_____ 창 1:26-28

하나님은 사람을 하나님의 형상, 하나님의 모양대로 창조하셨다. 그래서 사람은 하나님의 형상을 입은 피조물이 된다. 그렇다면 하나님의 형상을 입었다는 것은 무엇일까?

하나님의 형상을 생각할 때, 종종 우리는 인간 중심의 관점에서 하나님을 상상하고 추론하는 오류를 범한다. 하나님의 형상대로 창조함을 받았다는 것은 하나님이 우리처럼 눈, 코, 입을 가지고 계시다는 뜻이 아니다.

하나님이 '스스로 계시다'는 표현과 마찬가지로 하나님의 "형상" 또한 인간의 언어로 표현하는 것에는 큰 한계가 있다. 그러나 가장 최대한의 표현을 찾아보자면 "형상"이란 하나님이 가지고 계신 여러 가지 속성 또는 성품이라고 할 수 있다. 신학적으로 성품보다는 속성이라 표현하는 것이 더 나을 것 같다.

창세기 1장 26-27절은 하나님이 가지고 계신 여러 속성 중에서 어떤 형상을 우리 인간에게 넣어 주셨는지는 구체적으로 말하지 않는다. 그러나 성경을 읽고 연구하는 것을 통해서 우리는 성경의 여러 곳에서 하나님의 형상이 무엇을 가리키는지 그 답을 찾을 수 있다.

하나님을 따라 의와 진리의 거룩함으로 지으심을 받은 새 사람을 입으라.

구원받기 전에 죄의 지배를 받던 옛 사람을 벗어버리고 그리스도 안에서 새 사람이 되라고 사도 바울은 말한다. 그렇다면 새 사람의 내용은 무엇일까? 의와 진리와 거룩함이다. 그리스도 안에서 회복된 새 사람은 하나님께로부터 온 의와 진리와 거룩함을 가지게 된다.

이것이 창세기 1장 26-27절에서 읽은 "하나님의 형상"의 답이다. 하나님은 우리 인간을 창조하실 때, 하나님의 의와 진리와 거룩함을 넣어 주셨다. 그래서 우리는 하나님을 따라서 의와 진리와 거룩에 있는 사람들이다.

그런데 하나님은 왜 인간에게 하나님의 형상을 넣어 주셨을까? 첫째는 하나님을 위해서, 둘째는 우리를 위해서, 셋째는 만물을 위해서이다. 그래서 사람은 자기 안에 있는 하나님의 형상을 가지고 먼저 하나님과 교제하며 하나님을 경외한다. 또 동일한 하나님의 형상을 받은 인간끼리 교제하면서 함께 하나님을 경외하고, 하나님이 만드신 다른 피조물들을 다스린다.

하나님은 바다의 물고기와 하늘의 새와 가축과 땅에 기는 모든 것을 창조하신 후에 "생육하고 번성하고 땅에 충만하라"는 복을 주셨다. 그런데 마지막 날에 사람을 창조하신 이후인 28절에서는 사람에

2. 하나님의 형상 43

게 동일한 복을 주신 다음에 한 가지 명령을 더하신다. "다스리라."
하나님의 형상을 입고 창조함을 받은 인간에게만 주신 하나님의 명
령이다.

그렇다면 하나님의 형상인 거룩과 의와 진리를 따라 산다는 것은
구체적으로 어떤 것일까?

첫째, 거룩하게 사는 것이다. '거룩하게'란 세상 속에서 살되 세상
과 구별되게 살라는 것이다. 그리고 거룩하게 구별된 삶의 으뜸은 교
회 중심의 예배생활이다.

둘째, 의롭게 사는 것이다. 이는 의로우신 하나님의 말씀과 명령을
지키며 사는 삶으로 세상 풍습을 좇아가지 않고 악한 생각과 일을 행
하지 않는 것이다.

셋째, 진리인 성경 말씀을 배우는 것이다. 성경 말씀을 배워야만 우
리에게 자신의 형상을 입혀 주신 하나님을 제대로 알고 경외할 수 있
다. 또한 이것은 성경 말씀에 순종하며 성경 말씀을 전하는 삶이다.

이렇게 하나님의 형상을 가지고 하나님의 사람들과 교제하면서 하
나님을 섬기고, 하나님의 피조세계를 다스리는 것이 인간이 해야 하
는 본분이다. 이것이 인간이 하나님의 형상대로 창조함을 받은 목적
이며, 궁극적으로 인간은 이 모든 것을 통하여 하나님의 영광을 드러
낸다.

하나님의 형상을 잃어버림과 회복

그런데 하나님의 형상을 사람이 잃어버린다. 하나님 앞에서 죄를 지었기 때문에 하나님의 형상이 훼손된 것이다. 그래서 인간은 하나님의 기쁘신 뜻대로 하나님의 영광을 나타낼 수 없게 된다. 하나님이 주신 의와 진리와 거룩함을 잃어버렸기 때문이다.

불순종의 죄로 인해 하나님의 형상을 잃어버린 사람에게 가장 먼저 일어난 일은, 하나님과의 관계 단절이었다. 이것이 타락이다.

하나님과의 연합으로부터 떨어진 사람은 그를 창조하시고 그렇게 기뻐하시던 하나님과 단절된다. 어떤 피조물보다도 하나님이 귀히 여기시며 영원한 생명과 안식을 주시고 사랑을 베풀어 주심을 받은 사람은 죄의 결과 하나님을 피해 숨어 버린다.

그러나 사랑의 하나님은 사람을 그대로 버려두시지 않고, 그리스도 안에서 다시 의와 진리와 거룩함으로 새로운 피조물이 될 수 있는 소망을 주신다.

이 말은 창세기에 기록된 하나님의 창조역사가 부족하고 흠이 있어서 예수님이 다시 창조하셨다는 뜻이 절대로 아니다. 그리스도 예수의 십자가 구속을 통해서 잃어버렸던 하나님의 형상이 죄인에게 회복되었다는 뜻이다. 그리고 예수님이 다시 오시는 재림과 심판을 통해서 구원이 완성된다는 것이다.

> 그런즉 누구든지 그리스도 안에 있으면 새로운 피조물이라 이전 것은 지나
>
> 갔으니 보라 새것이 되었도다. _____ 고후 5:17

그렇다면 새로운 피조물로 거듭나는 목적, 하나님의 형상을 회복하는 목적은 무엇일까? 잃어버린 하나님과의 관계를 회복하는 것이다. 성경은 이것을 화목이라고 한다.

우리를 사랑하시는 하나님과의 관계 회복을 위해서 우리는 그리스도 안에서 새로운 피조물이 되어야 한다. 그리고 그렇게 될 때 비로소 하나님이 기뻐하시는 모습으로 영광을 드러내며 살 수 있게 된다.

> 모든 것이 하나님께로서 났으며 그가 그리스도로 말미암아 우리를 자기와
>
> 화목하게 하시고 또 우리에게 화목하게 하는 직분을 주셨으니.
>
> _____ 고후 5:18

그런데 육신이 죽어서 천국에 이르기 전까지 우리는 여전히 죄의 몸을 입고 사는 연약하고 부족한 존재이다. 우리끼리 서로의 모습을 보아도, 새 사람을 입은 자의 온전한 모습이 어떤 것인지에 대한 답을 찾기가 어렵다. 그래서 우리는 완전한 순종을 보이신 예수님을 바라보아야 한다. 예수님이 어떻게 사셨고, 무엇을 말씀하고 가르치셨는지를 통해서 우리는 새 사람이 살아가야 할 길을 찾을 수 있다.

그는 보이지 아니하는 하나님의 형상이시요 모든 피조물보다 먼저 나신 이
시니, 만물이 그에게서 창조되되 하늘과 땅에서 보이는 것들과 보이지 않는
것들과 혹은 왕권들이나 주권들이나 통치자들이나 권세들이나 만물이 다 그
로 말미암고 그를 위하여 창조되었고 또한 그가 만물보다 먼저 계시고 만물
이 그 안에 함께 섰느니라. 그는 몸인 교회의 머리시라 그가 근본이시요 죽은
자들 가운데서 먼저 나신 이시니 이는 친히 만물의 으뜸이 되려 하심이요. 아
버지께서는 모든 충만으로 예수 안에 거하게 하시고.

_____ 골 1:15-19

　에베소서 4장 24절에 이어서 골로새서 1장 15절은 하나님의 아들
예수 그리스도가 곧 하나님의 형상이라고 우리에게 가르쳐 준다. 볼
수 없고 만질 수도 없는 분이시지만 분명히 살아계신 하나님의 형상
이 예수님이시기 때문에, 예수 그리스도를 닮아가는 것이 우리가 하
나님의 형상을 좇아 살아가는 모습이라고 가르친다.

　그러면 우리는 왜 하나님과의 잃어버린 관계를 회복해야 하는 것
일까? 왜 예수 그리스도를 본받고 닮아가는 삶을 살고자 애써야 하
는 것일까? 무엇을 위해서 그렇게 해야 하는 것일까? 이 세상에서 필
요한 유익을 얻기 위해서이다? 틀린 대답은 아니다. 하지만 궁극적인
이유가 따로 있다. 로마서가 이것의 답을 준다.

이제 인내와 위로의 하나님이 너희로 그리스도 예수를 본받아 서로 뜻이 같

게 하여 주사, 한 마음과 한 입으로 하나님 곧 우리 주 예수 그리스도의 아버

지께 영광을 돌리게 하려 하노라. 그러므로 그리스도께서 우리를 받아 하나

님께 영광을 돌리심과 같이 너희도 서로 받으라.　　　　　_____ 롬 15:5–7

　　인간이 타락과 죄로 인해서 할 수 없었던 것을 회복하기 위해서이
다. 잃어버린 하나님의 형상과 잃어버린 하나님과의 관계가 회복되
어 그리스도를 본받음으로 하나님이 인간을 창조하신 목적을 이루어
드리는 것이 그 이유다.

　　그런데 이것은 구원받은 성도가 혼자서 하는 일이 아니다. 모든 성
도가 그리스도를 본받으면서 서로 뜻이 같게 하고, 한 마음으로 한
입을 가지고, 같은 마음으로 같은 생각을 하며, 같은 일을 하며 하나
님께 영광을 돌리는 길이라고 성경은 우리에게 가르친다. 이것이 그
리스도 안에서 이루어지는 성도의 연합이다.

인간 존엄성의 근거는 하나님의 형상이다

　　우리는 종종 "내가 생각은 그렇지 않은데, 말을 실수 했어. 미안해"
라며 말한 것을 취소할 때가 있다. 말을 한 뒤에 생각해 보니 내가 말

실수를 하였다는 것을 알았기 때문이다. 결과적으로 말을 하기 전의 마음과 말을 하고 난 후의 마음이 바뀌었다는 것이다. 반대로 이런 경우도 있다. 마음은 여전히 변하지 않았는데 말만 바꾸는 경우다. 이처럼 사람의 말은 자기 속에 있는 마음과 생각을 표현하기도 하고 속이기도 한다.

> 이것으로 우리가 주 아버지를 찬송하고 또 이것으로 하나님의 형상대로 지
>
> 음을 받은 사람을 저주하나니, 한 입에서 찬송과 저주가 나오는도다 내 형제
>
> 들아 이것이 마땅하지 아니하니라. _____ 약 3:9-10

혀와 말과 마음이 하나님을 찬송하고 경외하면서, 동시에 하나님의 형상대로 지음 받은 사람을 저주한다고 사도 야고보는 말한다. 야고보는 우리에게 무슨 말을 하려는 것일까?

우리는 다른 사람에게 좋은 말을 하고(=좋은 생각을 하고) 좋은 행동을 해야 한다. 이것을 우리는 선행이라고 한다. 그리스도 밖에 있는 세상 사람들도 다른 사람에게 하는 선행을 아름다운 덕목으로 여긴다. 선행을 하는 사람들의 이유와 목적은 무엇일까? 여러 가지 이유가 있겠지만, '나의 유익'이 큰 이유일 것이다.

봉사활동을 예로 들어 보자. 학생이라면 대학입시에 도움이 되고, 사업을 하는 사람이라면 세금 혜택과 기업 이미지에 도움이 된다. 어

떤 사람은 내 것을 주고, 희생하고, 구제하는 것 자체가 나를 행복하게 만들어 주기 때문에 선행을 할 것이다.

이처럼 그리스도 밖에서도 '나의 유익'과 '자기 만족'이라는 이유로 선행은 행해진다. 하지만 '이것이 과연 선행을 해야 하는 온전한 이유가 될 수 있을까?'하고 우리는 스스로에게 질문해 보아야 한다.

역시나 성경은 이것이 선행의 목적이 아니라고 가르친다. 세상적이고 윤리적인 여러 가지 덕목 때문에 다른 사람에게 선행을 하는 것이 아니라고 성경은 가르친다.

성경이 가르치는 선행의 이유는 바로 하나님의 형상이다. 하나님의 형상 때문에 우리는 다른 사람에게 선행을 하고 그들을 존중해야 한다.

첫째는 내 자신이 하나님의 형상대로 창조함을 받은 사람이기 때문이다. 내 안에서 아름답고 선한 생각을 내어야 내게 있는 하나님의 형상이 훼손되지 않기 때문이다. 그래서 벌을 받을 까봐 또는 욕을 먹을 까봐 바른 생각과 행동을 하는 차원이 아니라, 내 안에 있는 하나님의 형상을 훼손시키지 않고 소중히 여기기 위해서 우리는 선한 생각과 말과 행동을 해야 한다.

선행의 두 번째 목적은 나 아닌 다른 사람도 역시 하나님의 형상을 소유한 자이기 때문이다. 모든 사람은 하나님의 형상으로 지음 받았다. 그래서 다른 사람에게 좋은 말을 하고, 좋은 행동을 하고, 사람을 돕고 존중하는 것은, 곧 그 사람 안에 있는 하나님의 형상을 내가 존중한다는 것이다.

그러므로 인간의 존엄성에 관한 근거는 박애주의나 윤리성이 아니다. 선행을 하는 이유도 '자기 만족'이나 고상한 도덕성 때문이 아니다. 우리가 인간을 존귀하게 여겨야 하는 근거와 목적은 인간 속에 있는 하나님의 형상이다. 나와 너를 포함한 모든 인간에게 있는 하나님의 형상을 존중하기 때문이다. 따라서 다른 사람의 인격을 존중하며 서로 교제하는 것은 하나님을 경외하는 성도가 마땅히 보여야 할 모습이다.

같은 이유로 우리는 나 자신을 또한 소중하게 여겨야 한다. 그래서 부지런하고 성실한 사람이 되어야 한다. 그리고 나로 인하여 유발하는 모든 관계와 맡은 일에서도 도덕성과 책임감이 있어야 한다. 다른 사람으로부터 "저 사람 참 괜찮은 사람이야"하고 인정받기 위해서 성실하고, 약속을 잘 지키고, 최선을 다하는 것이 아니라, 내 안에 있는 하나님의 형상을 스스로 존귀하게 여기기 위해서 우리는 성실하고 정직한 사람이 되어야 한다.

자괴감에 빠져서 자신감을 잃었을 때, 무능력하다며 자신을 스스로 비하하게 되는 순간에 우리가 우리에게 해 줄 수 있는 권면과 위로는 바로 '하나님의 형상'이다.

"나에게는 존중받을 만한 어떤 이유도 자격도 없다. 나는 게으르고 불성실하여서 다른 사람이 보아도 무시할 수밖에 없다. 그래도 나는 존중받을 자격이 있다. 왜? 나는 하나님의 형상을 따라 지음을 받은 자이며, 하나님이 나에게 있는 하나님의 형상을 그리스도 안에서 회복시켜 주셨기 때문이다. 왜? 하나님이 나를 사랑하시고 귀하게 여기시기 때문이다. 그것도 잠깐 동안이 아니라 영원히 변함없이 인내하심으로 사랑해 주시기 때문이다." 이것이 하나님이 성도에게 주신 복이다.

내가 가질 긍정적 자존감과 자긍심의 근거는 내 안에 있는 하나님의 형상이다. 내가 행할 선행의 목적도 다른 사람들 안에 있는 하나님의 형상이다.

1 새 사람의 성품을 즐기자

세상 풍조에 밀려다니지 말고 우리의 믿음을 지키며, 세상과 구별된 거룩한 성품을 즐기자. 예배를 즐거워하며 우리 안에 있는 거룩을 세상에 나타내자.

세상의 다수가 옳다 하더라도 하나님의 말씀에 어긋나면 따라가지 말자. 좁은 길에서 주님과 함께 의롭게 사는 것을 망설이지 말고 즐거워하자. 날마다 성경 말씀을 읽고, 배우고, 전하며, 하나님을 제대로 깊이 알기를 즐거워하자.

2 성도끼리 교제하는 특권을 누리자

세상의 동호회나 클럽활동에서는 도저히 느낄 수 없는 만족을 그리스도 안에서 회복된 사람들끼리 즐기자. 연합하여 하나님께 영광을 돌리는 일은 세상의 어떤 모임에서도 불가능하다.

그러므로 이것은 성도의 특권이다. 교회 안에서 성도의 연합활동을 마음껏 즐기며 누리자.

3 내게 있는 하나님의 형상으로 자존감을 높이고 선행을 하자

주님이 주신 회복의 능력은, 나의 교만을 죽이고 긍정적 자존감을 심어 주는 무한 공급 에너지의 원천이다. 자긍심과 자신감의 플러그를 주님께 항상 꽂아 놓자.
하나님의 형상으로부터 공급되는 아름다운 자존감의 향기를 세상 사람들에게 선행으로 전하자.

CHAPTER 3

인간의 타락

복을 주시는 창조주 하나님의 절대주권

하나님이 천지를 창조하신 것은, 지으심을 받은 모든 피조세계와 사람을 통해서 하나님의 영광을 나타내기 위해서라고 앞서 배웠다. 특별히 사람을 창조하실 때는 하나님의 형상을 넣어 주셔서 하나님과 교제하며 하나님을 경배하는 존재로 살도록 하셨다. 그리고 다른 피조물에게는 주시지 않은 복을 주신다. 하나님이 창설하신 에덴동산으로 친히 이끌어 놓으시고 만물을 다스리며 지키라는 명령을 주신다(창 1:26-28, 2:15).

그리고 나서 하나님은 사람에게 한 가지 명령을 덧붙이신다. 동산에 있는 모든 나무의 열매는 다 먹어도 되지만 선악을 알게 하는 나무의 열매는 먹지 말라고 하시며, 먹는 날에는 반드시 죽을 것이라고 말씀하신다(창 2:16-17). 그런데 하나님은 왜 이런 명령을 사람에게 하셨을까?

이 질문 앞에서 신앙의 딜레마에 빠지는 사람들이 있다. "하나님은 독재자야. 왜 선악과는 만들어 가지고 따먹을까 말까 하는 시험에 들게 하고, 죄를 짓게 했는지 모르겠어. 너무 일방적이셔." 하나님이 어떤 분이신지 제대로 알게 되면 쉽게 해결될 문제이다.

선악을 알게 하는 나무의 열매를 먹지 말라는 명령을 통해서 하나님은 스스로 하나님 되심을 선언하신다. 이 명령을 통해서 하나님은 창조주이시며, 인간은 하나님의 창조를 받은 피조물이라는 것을 확언하신다.

창조주 하나님이 친히 창조하신 피조세계를 향하여서 마땅히 행하시는 절대주권의 선언이다. 이 말씀 앞에서 어떤 피조물도 어떤 인간도 왜 그렇게 하셨냐고 질문을 하거나 의문을 갖거나 반항할 수 없다. 절대적으로 순종해야 하는 명령이다.

그래서 우리는 "먹지 말라"라는 말에 집중하기 보다는, 이 명령에 순종하여 먹지 않았을 때, 허락하신 복을 누릴 수 있었다는 것에 집중해야만 한다.

6일 동안의 창조역사를 마치시고, 하나님은 일곱째 날을 거룩하게 하시고 하나님이 예비하신 안식 안에서 축복을 누리도록 하신다. 그리고 동산 가운데 선악을 알게 하는 나무를 만드시고 사람에게 먹지 말라는 명령을 하심으로, 영원한 생명과 안식의 복을 주시는 하나님이 어떤 분이신지 사람으로 하여금 알게 하신다.

창조주 하나님의 절대주권은 영원한 생명과 안식의 복을 사람에게 주심으로서 그 기쁘신 뜻을 나타내셨다.

불순종

그런데 이러한 사람에게 뱀의 형상을 한 사탄이 공격을 해 온다. 사탄은 여자에게 "하나님이 참말로 너희들에게 에덴동산에 있는 모든 열매를 먹지 말라고 했느냐"라고 하며 하나님의 말씀을 교묘하게 바꾼다.

오늘날에도 끊임없이 사탄이 성도들에게 하는 일이다. "하나님을 믿지 말라." 사탄은 이렇게 말하지 않는다. 대신에 비슷한 것 같지만 교묘하게 하나님의 말씀을 바꾸어 말하면서 헷갈리게 만든다.

하나님은 뭐라고 말씀하셨는가? "모든 열매를 다 먹되, 선악을 알게 하는 나무의 열매만 빼고 다 먹으라"고 하셨다. 그런데 뱀은 "모든 나무의 열매를 먹지 말라고 했냐?"라는 질문으로 사람이 헷갈리도록 한다. 그리고 이 헷갈림 속에서 사람은 헷갈린 반응을 보인다.

"아니, 다 먹어도 된다고 하셨어. 그런데 선악을 알게 하는 나무의 열매는 먹지 말라고 하셨어"라고 대답을 했어야 했다. 그런데 "응, 동산 중앙에 있는 열매는 먹지만 말라는 게 아니고 아예 만지지도 말라고 하셨어. 그리고 먹으면 죽을지도 모른다고 하셨어"라고 여자는 하나님의 말씀을 변질시켜서 대답한다.

그러자 뱀이 다시 말한다. "아니야. 그게 아니야. 그거 먹으면 죽는 게 아니고 눈이 밝아져. 그리고 눈이 밝아지면 너도 선악을 아는 존재가 되어서 선악을 구분할 수 있어. 그래서 너 보고 선악과 먹지 말라고 하는 거야. 너가 선악을 구분하게 되면 너도 하나님처럼 될까봐 먹지 못 하게 하는 거야." 이 말을 듣고 여자가 먼저 선악과를 따먹고, 그와 함께 있던 남자 아담도 먹는다.

선악을 안다는 것은 창조주이시고 절대주권자이신 하나님만이 하실 수 있는 일이다. 왜냐하면 선악의 기준은 오직 하나님이시기 때문이다. 그런데 선악을 아는 일을 사람이 하고자 했다.

사람이 하나님의 명령에 순종하지 않고 반역한 것이다. 선악과를 따먹지 말고 피조세계를 다스리며 지키라는 하나님의 명령을 거부한 것은, 만물의 주인이신 하나님의 절대주권을 거부한 것이었다.

다시 말해서 "더 이상 하나님의 통치를 받기 싫어! 하나님이 나를 창조하신 것은 알겠는데, 그건 그거고, 나도 하나님처럼 눈이 밝아져서 선악을 아는 존재가 될 거야! 나도 하나님처럼 되어서 내가 스스로 주권을 가지고 스스로 자치를 할 거야!"라는 반역을 표현한 것이다. 피조물이 감히 창조주 하나님처럼 되려는 교만 때문에 일어난 죄와 타락이었다.

겸손 vs. 교만

사람의 타락은 교만 때문에 일어난 죄의 결과이다. 그리고 이 사건을 통해서 우리는 신앙생활을 하며 갈등하게 되는 모든 유혹이 두 가지의 질문 사이에서 벌어진다는 것을 알 수 있다.

"하나님 말씀의 지배를 받겠는가?"

"우리 생각의 지배를 받겠는가?"

첫 사람 아담과 여자(아직 '하와'라는 이름으로 불려지기 전이다)는 하나님의 지배를 받지 않고, 자기 생각에 옳은 대로 스스로 주권자가 되어서 하나님처럼 되기를 시도했다. 그리고 자신이 선악의 기준이 되어서 선악을 구별하려고 했다. 이것이 교만이다. 하나님처럼 되려는 교만이었고, 그 교만이 죄를 낳은 것이다.

정리하자면 '죄'란 창조주이신 하나님 앞에서 사람이 피조물로서의 주제파악을 제대로 하지 못 하는 것이다.

우리는 하나님의 창조를 받은 피조물이라는 자기 주제파악을 항상 하고 있어야 한다. 더구나 아담 이후의 모든 인간은 '나는 죄인이다'라는 주제파악을 거룩하신 하나님 앞에서 항상 하고 있어야 한다. 그러므로 자기 주제파악을 하지 못 하는 것은 교만이며 죄의 시작으로 연결된다. 이와 반대로 하나님 앞에서 나의 나 됨을 파악하고, 깨닫고, 시인하는 것이 성경이 말하는 겸손이다.

유교적 가치관에 익숙한 우리나라 사람들에게 전통적으로 겸손이란, 상대편 앞에서 나를 낮추고, 배려하고, 양보하고, 공손하고, 머리를 숙이는 태도를 뜻한다. 하지만 이것은 어디까지나 세상에서의 겸손이다.

우리는 세상이 아닌 성경이 가르쳐 주는 겸손에 주목해야 한다. 성경이 말하는 겸손이란, 절대주권의 거룩하신 창조주 하나님 앞에서 내가 어떤 존재인지를 정확히 파악하고 솔직하게 시인하는 것이다.

그렇다면 반대로 그렇게 하지 못 하는 것은 무엇일까? 교만이다. 즉 절대주권의 거룩하신 하나님 앞에서 나의 나 된 주제를 파악하지 못 하고 자기 생각대로 하는 것이 하나님 앞에서의 교만이다. 내가 죄인이라는 것, 내가 심히 연약하고, 미련하고, 허물이 있는 자라는 것을 파악하지 못 하고, 하나님의 말씀에 개의치 않는 것이다.

남들 앞에서 으스대고, 자랑하고, 잘난 척하는 것을 세상적으로는 교만이라고 말하지만, 성경에서 말하는 교만은 그렇지 않다.

따라서 하나님의 말씀에 지배받는 것은 겸손한 자의 모습이고, 그렇지 않고 자기의 생각과 세상의 사상에 지배받아서 행하는 것은 하나님 앞에서 교만한 자의 모습이다.

예수님은 하나님의 말씀에 지배받는 겸손한 자의 삶이 무엇인지 친히 우리에게 보여 주셨다. 그래서 예수님은 사탄의 유혹을 받으셨을 때 직접 사탄을 멸할 수 있는 전능하신 분인데도 불구하고 "기록되었으되, 하나님의 말씀이…"라고 하시며, 하나님의 말씀으로 사탄의 유혹을 물리치고 정복하셨다.

그래서 삶에서 유혹을 받을 때 우리도 겸손의 본을 보여 주신 예수님을 따라야 한다. 늘 하나님의 말씀으로 나를 돌아보고 나의 나 됨을 파악하는 겸손한 자가 되어야, 유혹과 죄로부터 자유로울 수 있다는 것을 기억하자.

수치심

첫 사람 아담과 그의 아내가 창조주 하나님의 주권적 통치를 거부하고 자기 주권과 자치(스스로 통치)를 하려고 했던 시도는 어떤 결과를 초래했을까? 그 결과는 인간이 뜻하고 목적했던 바와 전혀 다르

게 나타난다. 하나님처럼 되어서 눈이 밝아지고 선악을 아는 존재가
될 줄 알았지만 전혀 그렇게 되지 않았다. 실패하였다.

아담과 그의 아내가 눈이 밝아진 결과 얻은 것은 무엇일까? 자신들
의 몸이 벌거벗었다는 것을 알게 되었다(창 3:7). 하나님이 창조하신
사람의 원래 모습은 벌거벗은 상태였다. 그런데 타락 전인, 창세기 2
장 25절은 아담과 그 아내가 벌거벗었으나 부끄러워하지 않았다고
분명히 말한다. 오히려 하나님 보시기에 아름답다고 하였다.

그러면 창세기에서 말하는 벌거벗었다는 것은 무슨 뜻일까? 연약
하다. 한없이 부족하다. 궁핍하다. 이렇게 정리할 수 있을 것이다. 아
담과 여자의 상태는 죄를 짓기 전이나, 선악과를 따먹고 죄를 지은
후나, 육체적으로 물리적으로 똑같이 옷을 벗고 있는 상태였다.

그런데 달라진 것이 있다. 벌거벗어도 부끄럽지 아니하고 하나님
보시기에 좋았던 상태가 아주 수치스런 상태로 바뀌었다. 이제 인간
은 자신의 변화된 모습을 보고 스스로 수치심을 느끼고, 서로의 벌거
벗은 모습을 바라보면 창피하고, 불편함을 느끼는 상태로 바뀌었다.

성경은 타락 전인 창세기 2장에서나, 타락 후인 창세기 3장에서나
사람의 벌거벗은 상태를 표현할 때 연약하고, 부족하고, 궁핍하다는
뜻의 동일한 단어를 사용한다. 왜 같은 단어가 사용되었을까? 타락
전이나 후나 모든 인간은 무엇인가 계속적으로 채워져야 하는 벌거
벗은 상태라는 뜻이다.

타락 전에는 하나님과 연합되어서 하나님으로부터 끊임없이 충족되는 상태였다. 그래서 보시기에 좋았다 라고 한다. 하지만 죄 때문에 하나님과의 관계가 단절되고 타락한 존재가 되자, 이제 벌거벗은 상태는 수치스런 상태로 변해버렸다. 이것이 죄의 결과이다.

핑계와 원망

그런데 죄의 결과는 여기서 그치지 않는다. 이제 죄 때문에 일어나는 연속적인 일들이 발생한다. 벌거벗은 것을 수치스럽게 느끼는 두 사람은 이상한 행동을 하게 된다.

> 그들이 그날 바람이 불 때 동산에 거니시는 여호와 하나님의 음성을 듣고
> 아담과 그의 아내가 여호와 하나님의 낯을 피하여 동산 나무 사이에 숨은지
> 라. _____ 창 3:8

숨어 버렸다. 창피한 것을 알고 나무 사이에 숨어 버렸다. 숨은 아담과 여자에게 하나님은 "네가 어디 있느냐?"하고 부르신다. 그리고 찾아오셔서 "왜 숨었느냐?"고 물으신다. "너, 내가 먹지 말라고 한 나무의 열매를 먹었느냐? 그래서 숨었느냐?"하고 물으신다. 그러자 사

람은 참으로 우스꽝스러운 반응을 보인다.

"네, 제가 선악을 알게 하는 나무의 열매를 먹었어요. 그런데 사실 제가 먹게 된 건, 아내가 주면서 먹으라고 해서 먹은 거에요. 그런데 그 아내는 하나님이 저에게 한 몸을 이루면서 살라고 주신 아내 아닌 가요? 저는 그저 그 아내가 저에게 주면서 먹으라고 해서 먹은 것뿐 이에요."

아담은 자기가 하나님의 명령을 어기고 불순종한 것을 아내의 탓 으로 돌린다. 그리고 그 아내는 하나님이 주신 돕는 배필이 아니냐며 하나님을 원망한다.

하나님은 더 이상 아담에게 묻지 않으시고, 이제 여자에게 가신다. 그리고 물으신다. "네가 선악을 알게 하는 나무의 열매를 먹었느냐?" 그런데 여자도 역시 핑계를 댄다. "네, 뱀이 저를 꼬드겼어요. 그래서 먹었어요."

죄를 지은 인간들의 비참한 모습이다. 자신이 지은 죄를 시인하지 않고, 자꾸만 감추려 한다. 순간의 상황을 모면하기 위해서 핑계를 대고 궁극적으로는 하나님을 원망하는 어리석음 속으로 들어간다.

> 하나님께서 구하시는 제사는 상한 심령이라. 하나님이여 상하고 통회하는 마
> 음을 주께서 멸시하지 아니하시리이다. _____ 시 51:17

이기심

하나님이 남자와 여자를 창조하시고 한 몸을 이루게 하신 결혼이라는 축복이 죄 때문에 파괴되는 순간이다. 하나님이 사람을 남자와 여자로 만드신 것은, 서로 조화를 이루면서 더욱 친밀하여지고, 상호 보완하고, 협력하여서, 풍성하고 풍부한 관계를 가지라도 주신 복이었다. 그런데 부부가 한 몸을 이루는 복스런 관계가 서로 핑계를 대고, 원망하고, 비난하는 관계로 변질된다.

두 사람은 창세기 2장 24절에 기록된 남편과 아내의 연합체, '우리'라는 개념을 상실해 버렸다. 그리고 아담은 자신의 말을 통해서 하나님이 주신 결혼의 축복인 연합과 친밀함과 보완과 협력이, 죄 때문에 잃어버렸음을 아주 적나라하게 증명한다.

창세기 3장 9절에서 하나님이 "네가 어디 있느냐?"고 물으실 때, 숨어 있던 아담이 뭐라고 대답하는지 잘 들어 보자.

> 내가 동산에서 하나님의 소리를 듣고 내가 벗었으므로 두려워하여 숨었나이다…하나님이 주셔서 나와 함께 있게 하신 여자 그가 그 나무 열매를 내게 주므로 내가 먹었나이다. _____ 창 3:10, 12

아담이 대답하는 10절과 12절에 나오는 동사 '듣다', '벗다', '두려

위하다', '숨다'를 히브리 원어로 살펴보면, 모두 '나'라는 1인칭 동사로 사용되었다. 남자와 여자가 한 몸이 되어서 연합체, 공동체, 부부로 살았는데 죄를 딱 짓고 나자 아담의 눈에는 '나' 밖에 보이지 않게 되었다. 그래서 "내가…내가…내가…내가"를 반복한다.

지금 아담만 선악과를 따먹고 죄를 지은 것이 아니다. 아담과 그의 아내가 둘 다 선악과를 따먹고 비참한 지경에 처해 있다. 둘 다 두려운 상태에 있고, 똑같이 벌거벗은 것을 알고 수치스러운 상태에 있다. 그래서 둘이 같이 숨었다. 아내는 두렵지 않아서 숨지 않고 아담만 숨어 있는 상황이 아니다.

그런데 아담은 자기 자신에 대해서만 말한다. 아담에게 '우리'라는 개념은 더 이상 없다. 결혼을 통해 주신 부부의 축복이 깨진 것이다. 둘이 한 몸을 이루어 부부가 된 아내에게는 관심이 없고, 오로지 자기 자신에게만 집중되어 있다. 자기 중심적 사고가 아담에게 생긴 것이다. 죄 때문에 인간에게 들어온 이기심이다.

그리고 이 이기심 때문에 사람은 얼마나 많은 죄를 짓는지 모른다. 사람은 끝까지 자기를 버리지 못 한다. 하나님 앞에서까지도 버리지 못 한다. 하나님의 말씀에 불순종하고 죄를 지은 결과가 이것이다. 하나님이 주신 것이 아니라, 인간이 자처하여 얻은 죄의 고통과 비참함이다.

하나님은 죄를 지은 사람에게 이제 죄에 대한 심판을 하신다. 거룩하신 하나님의 공의는 죄를 그냥 간과하실 수 없기 때문에 공의로써 반드시 죄를 물으신다. 그래서 하나님은 여자에게 출산의 고통을 주신다.

아이를 낳아 생육하고 땅에 충만하고 번성하는 축복이, 이제는 축복이면서 동시에 고통이 되었다. 그리고 아내는 자기가 바라는 것들과 자신의 욕구들을 남편에게 억지로 맞추며 살게 되었다. 친밀함의 풍부가 깨져버린 것이다.

그리고 남자에게 주신 다스리고 지키라는 축복은 수고와 노동으로 변해버렸다. 결혼의 남녀관계 속에서 조화와 친밀을 이루기 위한 우선권(여자를 무시하며 하등하고 열등하게 여기라는 우선권이 아니다)으로 받았던 축복이, 이제는 수고하고 고통스럽게 땀을 흘려 일해서 가족을 먹여 살려야 하는 것의 우선권이 되었다.

빚을 진 자가 빚을 갚는 것은 즐거운 의무가 아니듯, 비슷한 의미에서 아담은 아내에게 자기 중심적인 이기심의 갈등을 겪으면서, 빚을 갚듯 가족을 먹여 살려야 하는 존재가 되었다.

타락한 인간의 이러한 상태는 생육과 다스림이라는 축복의 어깨에 무거운 죄의 짐이 지워진 모습이다. 이렇게 인간은 죄 때문에 아주 비참해졌다.

죄의 비참함

하나님처럼 되고 싶은 교만 때문에 명령을 어긴 인간이 죄를 지은 후에 행한 최초의 행위는 하나님의 낯을 피한 것이다. 하나님 앞에서 숨어 버린다. 얼마나 미련한가?

하나님이 어떤 분이신가? 천지를 창조하신 전지전능하신 분이다. 죄를 지은 인간은 자신에게 생기를 불어넣어 주신 생명의 주인이 하나님이라는 것을 잊어버렸나 보다. 그렇게 숨어 버린다고 하나님이 모르실까? 무화과 나뭇잎으로 수치심을 가린다고 해서 선악과를 따먹은 것을 하나님이 모르실까?

죄 때문에 미련한 짓을 한 것이다. 죄를 가리고 숨기는 것은 죄인의 특성이다. 그래서 숨어 버렸다. 아니 숨을 수밖에 없었다. 하나님은 거룩하시기 때문에 죄를 지은 아담과 그의 아내는 더 이상 하나님 앞에 있을 수 없었다. 당연한 죄의 결과이다.

불순종과 죄의 결과로 인해서 사람은 연합되어 있던 하나님과의 관계로부터 단절되었다. 그리고 결국 하나님이 선언하신 대로 반드시 죽게 되었다. 그래서 죄를 지은 아담 이후의 모든 인간은, 일찍 죽고 나중 죽고의 차이가 있을 뿐, 한 사람도 빠짐없이 모두 죽는다. 그리고 이 죽음은 죄 때문에 오는 것이기에 매우 무섭고 끔찍하다.

아담과 그 아내는 죽고 싶어서 선악과를 따먹은 것이 아니었다. 선악과를 먹으면 반드시 죽는다는 하나님의 분명한 말씀을 알고 있었지만, 그럼에도 불구하고 선악과를 먹은 것은 하나님처럼 되고 싶었기 때문이다. 그러나 이들의 시도는 실패로 돌아가고 하나님처럼 된 것이 아니라, 하나님이 말씀하신 대로 반드시 죽게 되었다.

게다가 이 불순종의 죄는 이들이 예상하지 못 한 상태로 점점 악해지고, 늘어나고, 가중되고, 증폭된다. 아담이 타락한 후에 낳은 큰 아들 가인이 동생 아벨을 죽이는 사건이 벌어진다. 두 사람은 각각 하나님 앞에 제사예물을 드렸는데, 하나님이 자신의 예물을 받지 않으신 것에 대하여 가인은 화를 내며 동생을 죽인다. 형이 동생을 죽이는 인류의 기가 막힌 사건이었다.

이것은 아담이 하나님께 지은 죄가 얼마나 끔찍한 것이며, 그 죄의 지배를 받는 인간의 상태가 얼마나 비참한가를 잘 보여 주는 사건이다. 그리고 죄는 여기서 멈추지 않고 전가되어 더 악해지고, 더 커지고, 더 만연한다. 성경의 수많은 곳에서 그리고 주변에서 일어나는 일들을 통해서도 우리는 죄악의 끔찍함을 충분히 느낄 수 있다.

죄인의 미련함

미련한 자는 자기 행위를 바른 줄로 여기나 지혜로운 자는 권고를 듣느니라.

_____ 잠 12:15

죄를 지은 아담과 여자는 그 죄를 가리기 위해서 미련한 조치를 취한다. 눈이 밝아져서 벌거벗은 것을 알자, 두렵고 부끄러워서 무화과 나뭇잎을 엮어 치마를 해 입는다. 자신이 죄인이라는 것도, 죄 때문에 얼마나 비참한 상태에 있는지도 모르는 채 말이다.

"아담아, 네가 어디 있느냐?"하고 먼저 찾아오셔서 회개하라고 부르시는 하나님의 사랑 앞에서 아담은 핑계를 대고, 미련의 옷을 지어 입는다. 아담은 자신이 잘 하고 있는 줄로 안다. 이것이 죄인의 미련함이다.

개가 그 토한 것을 도로 먹는 것 같이 미련한 자는 그 미련한 것을 거듭 행하느니라.

_____ 잠 26:11

죄인이 행하는 행위가 얼마나 미련한지를 보여 주는 구절이다. 토했을 때는 자기 몸에 해롭거나, 맛이 없거나, 싫었거나 해서 몸에서 내보낸 것일 텐데, 개가 그 토한 것을 다시 핥아 먹는 것처럼 미련을 반복한다는 것이다. 미련도 죄에서 나온 결과이다. 해서는 안 되는 것을 해놓고 후회하고, 또 하고 후회하고, 또 하고를 반복하는 미련이다.

> 미련한 자를 곡물과 함께 절구에 넣고 공이로 찧을지라도 그의 미련은 벗겨
>
> 지지 아니하느니라. _____ 잠 27:22

또한 절구에 넣고 공이로 찧을지라도 벗겨지지 않는 것이 우리의 미련이다. 곡식은 적당히 찧으면 껍질이 다 벗겨지는데, 이놈의 미련은 얼마나 지독한지 아무리 찧어도 벗겨지지가 않는다.

껍질이 벗겨지면 더 이상 공이 질을 안 할 텐데, 공이 질을 당해서 부서지고 아플 텐데도 껍질을 못 벗겠다며 부둥켜 안고 있다. 이것이 죄인이 갖고 있는 미련한 모습이다.

이런 죄인을 향하여서 사랑의 하나님이 찾아오신다. "아담아, 네가 어디 있느냐?" 전지하고 전능하신 하나님이 나무 사이에 숨은 아담이 어디 있는지 몰라서 숨바꼭질하듯이 '아담이 어디 있지?'하며 궁금해서 물으신 것이 아니다. 하나님이 "네가 어디 있느냐?"하고 부르신 것은 아담이 지금 죄를 지었다는 것을 알려 주시는 것이다.

아담을 불쌍히 여기고 용서하시기 위해서 "아담아 회개하라. 네가 네 죄를 깨닫고 자복하고 시인하라"며 부르신다.

사랑의 하나님

우리는 지금까지 아담이 죄를 지은 후, 죄의 특성 아래서 비참하게 변해 가는 비참한 모습을 보았다. 죄의 모습을 보았다면 우리는 그와 동시에 죄인을 부르러 먼저 찾아오시는 하나님도 바라보아야 한다. 사랑의 하나님을 만나야 한다. 그리고 그 하나님 앞에서 우리 자신의 비참한 상태를 그대로 시인해야 한다.

"하나님, 저 여기 있어요. 제가 사실은 하나님이 먹지 말라고 하신 선악을 알게 하는 나무의 열매를 먹었어요. 먹으면 눈이 밝아져서 선악을 알게 될 줄 알았는데, 그게 아니었어요. 그래서 제가 오히려 벌거벗은 것을 알고 부끄러워서 숨었어요. 하나님, 저 두려워요. 제가 잘못했어요. 저를 불쌍히 여겨 주세요. 용서해 주세요."

이것이 회개이다. 그러면 하나님은 어떻게 하실까? 용서하신다. 하나님은 자기 죄를 자복하고, 회개하고, 통회하는 자를 용서하신다.

그렇다면 회개하고 용서받으면 우리의 죄는 모두 사라지는 것일까? 아니다. 죄는 여전히 우리 안에 남아 있다. 용서라는 것은 죄가 있지만 문제 삼지 않겠다는 것이다. 그래서 하나님이 용서하신다는 것은 우리 죄를 문제 삼지 않으신다는 뜻이다.

그리고 내 안에 여전히 죄가 남아 있다는 것을 아시기 때문에, 하나님은 "내가 용서해 줬으니까, 땡!"이라며 우리를 내버려 두시지 않는다. 사랑의 하나님은 그 다음 문제도 해결해 주신다.

우리의 죄를 용서하신 하나님은 그리스도의 보혈로 우리의 죄를 대속하신다. 죄를 사해 주신다. 죄를 없애 주신다. 죄를 지워 주신다. 우리에게 남아 있는 죄를 도말하여 주신다. 주홍같이 붉을지라도 눈과 같이 희게 지워 주신다. 이것이 하나님의 사랑이다.

그래서 우리는 사랑의 하나님 앞에 나아와 자신의 허물과 미련을 고백하고 시인하면 된다. 이것이 앞서 말한, 자기 자신에 대한 주제 파악이다. 그리고 하나님이 어떤 분이신지 제대로 알고 그 하나님 앞에서 자신의 상태를 깨닫는 것이, 성경이 우리에게 가르쳐 주는 겸손이다.

1 젖먹이처럼 하나님 품에 안기자

갓난 아기는 엄마가 주는 젖의 성분과 양과 맛과 온도 등을 따져 보고 자기가 원하는 것을 주문해서 먹지 않는다. 아니 그렇게 할 수가 없다. 또한 엄마의 양육 방법을 의심하거나 거절하는 아기 도 없다. 아기는 아기고, 엄마는 엄마이기 때문이다.

이처럼 우리를 사랑하시는 하나님 아버지의 품에 젖먹이처럼 안 기어, 우리에게 가장 유익한 것으로 알아서 먹여 주시는 하나님 을 의지하자. 절대주권의 하나님이 말씀하시는 명령에 아기처럼 믿음으로 순종하자.

2 나의 주제를 제대로 파악하자

실시간으로 나의 현 위치를 파악해서 목적지로 가는 길을 안내 해 주는 네비게이션처럼, 성경 말씀이라는 네비게이션을 통해서 내가 어떤 상태에 있는지 정확히 달아 보고 재어 보자. 그리고 말씀의 네비게이션이 알려 주는 나의 현 상태를 제대로 파악하자. 모자라고 부족한 것은 말씀의 가르침으로 채우고, 넘치고 모난 것은 말씀의 훈계로 제하여 버리자. 나의 주제를 잘 파악하여 거룩하신 하나님 앞에서 겸손한 자가 되자.

3 나의 죄를 숨기지 말고 솔직히 시인하자

하나님은 나를 벌 주시기 위해서가 아니라, 나를 죄로부터 구원하시기 위해서 나의 죄를 물으시는 분임을 믿고, 그분 앞에 숨김 없이 솔직하게 고백하자. 야단 맞을 것을 두려워해서 핑계를 대거나 거짓말을 하지 말자. 그래야 빨리 문제가 해결된다.

하나님은 내가 숨긴다고 해서 나의 잘못을 모르시는 분이 아니다. 호미로 막을 일을 가래로 막게 될 정도로 악화시키지 말자.

나를 사랑하시는 하나님 아버지께 숨김없이 고백하자. 나는 그분
의 사랑받는 자녀이다.

4 미련의 옷을 훌떡 벗어버리자

한 개의 미련과 잘못을 감추기 위해 또 다른 미련으로 덮어봤자
하나님은 다 알고 계신다. 오히려 죄가 두 개로 늘어날 뿐이다.
나의 어떤 생활이나 모습으로 인해 마음에 찔림이 있다면 그것
은 내가 하나님의 말씀에 지배받고 있다는 증거다.

긍휼이 풍성하신 하나님은 자기 죄를 시인하고 통회하는 자를
불쌍히 여기시고 문책하지 않으신다. 죄를 숨기지 않고 솔직히
시인한 자에게는 하나님이 자비를 베푸시어 미련과 죄의 길에서
벗어 날 수 있도록 도와주신다. 그러므로 죄가 들통날 것을 염려
하며 감추지 말고 죄와 미련의 옷을 과감하게 벗어버리자.

CHAPTER 4

메시아의 약속

하나님의 사랑으로 하신 약속

선악을 알게 하는 나무의 열매를 먹지 말라, 먹는 날에는 반드시 죽을 것이라는 명령을 통해서 하나님은, 첫째로 창조주 하나님의 절대주권을 선언하셨다. 둘째로 반드시 그 명령에 순종할 때 인간은 하나님의 영광을 드러내고 주신 복을 받아 누리며 영원히 살도록 창조된 피조물이라는 것을 나타내셨다.

그러나 하나님처럼 되고 싶다는 교만 때문에 인간은 명령에 불순종하여 선악과를 따먹고 죄인이 된다. 하지만 그 죄인을 하나님은 그냥 버려두지 않으신다.

"하나님, 나를 찾아오셔서 구해 주세요. 이 두려움과 수치심에서 나를 건져 주세요. 내가 옷을 벗었어요. 아무거라도 걸치려고 무화과 나뭇잎으로 만들어 입었는데, 편하지도 않고 오래 가지도 않을 것 같고 나뭇잎에 찔려서 아프고 그래요. 하나님, 옷을 만들어서 나를 좀 가려 주세요" 아담과 여자는 이렇게 말하지 않았다.

그런데 하나님이 먼저 아담과 여자에게, 죄인에게 찾아오신다. 그리고 물으신다. "네가 어디 있느냐? 네가 무엇을 하였느냐?" 그러자 아담과 여자는 자기들의 이야기를 늘어놓는다. 죄를 지은 자신을 합리화하고, 핑계를 대고, 원망까지 늘어놓는다.

그런데 하나님은 다 들어 주신다. 하나님이 얼마나 오래 참으시는 분인가를 사람에게 보여 주신다.

아담의 말도 안 되는 핑계와 원망을 들으시고 하나님은 화를 내는 것이 아니라 오히려 불쌍히 여기신다. 그 명령을 어겼기에 반드시 죽게 된 아담과 여자를 하나님은 불쌍히 여기시고 그들에게 자비를 베푸신다. 그래서 그들의 넋두리를 들어 주신다.

죄를 지은 인간은 거룩하신 하나님의 공의 앞에서 죄에 대한 심판을 받을 수밖에 없다. 그래서 하나님의 사랑은 아담과 여자에게 은혜를 베푸신다. 그것도 값없이 베푸신다.

아담에게 몇 가지 조건을 제시하면서 "아담은 이거 이거 하고, 여자 너는 이거 이거를 이렇게 하면 내가 용서해 주겠다"라고 요구하시지 않는다. 하나님은 아무런 조건 없이, 값없이 구원의 은혜를 베푸신다. 이렇게 사랑의 하나님이 베푸시는 은혜가 창세기 3장 15절에 나온다.

> 내가 너로 여자와 원수가 되게 하고 네 후손도 여자의 후손과 원수가 되게
> 하리니 여자의 후손은 네 머리를 상하게 할 것이요 너는 그의 발꿈치를 상하
> 게 할 것이니라 하시고. _____ 창 3:15

하나님은 죄를 지은 아담과 여자에게 여인의 후손으로 오실 메시아를 통해서 사람을 죄로부터 구원하겠다고 약속하신다. 여인의 후손이 와서 죄를 멸망시킬 것이라는 약속이다. 그래서 죄로부터 우리를 구원해 주신다는 하나님의 구원의 약속, 곧 모든 언약은 이제 창세기 3장 15절로부터 출발하게 된다.

로마서 6장 23절은 사람이 죽는 이유가 죄 때문이라고 한다. 죄의 삯은 사망이라고 한다. 그래서 하나님의 명령을 어긴 죄 때문에 사람은 모두 죽는다.

그런데 사람은 사망으로부터 영생으로 갈 수 있는 선물을 하나님께 받게 된다. 창세기 3장 15절에서 언약하신 여인의 후손 그 메시아가 오셨기 때문이다. 그리고 하나님의 사랑으로 하신 구원 약속의 본

체이신 메시아 예수 그리스도를 통해서 약속의 말씀이 이루어진다.

> 죄의 삯은 사망이요 하나님의 은사는 그리스도 예수 우리 주 안에 있는 영생
> 이니라.   _____ 롬 6:23

　로마서 6장 23절은 하나님의 공의 앞에서 죄의 삯은 사망이지만, 하나님의 사랑이 주신 은혜의 선물이신 예수 그리스도로 인해 영생을 얻는다고 알려 준다.

가죽옷과 의의 옷

　하나님은 여인의 후손 메시아를 통해서 죄로부터 구원하여 주신다는 약속의 말씀을 하시고, 이제 그 말씀을 따라서 아담에게 친히 가죽옷을 지어 입히신다. 그리고 그 가죽옷으로 창세기 3장 15절의 언약을 확증시켜 주신다(창 3:21).
　가죽옷이라는 것은 동물의 가죽으로 만든 옷을 말한다. 이는 하나님이 아담과 여자에게 가죽옷을 해 입히시기 위해서 어떤 동물을 희생시키셨다는 뜻이다.
　하나님은 동물을 희생시켜 얻은 가죽옷을 가지고, 벌거벗어서 두

렵고, 부끄럽고, 연약하고, 궁핍하고, 수치스런 상태로 전락한 아담과 여자에게 옷을 입혀 주신다. 벌거벗은 것을 가려 주시고, 연약을 도 와주시고, 궁핍을 채워 주시고, 두려움을 없애 주시고, 수치스런 상태 에서 건져 주신다.

아담에게 입힐 가죽옷을 위하여 동물을 희생시키신 것은 장차 여 인의 후손으로 오실 메시아가 우리 죄의 값을 대신 치르고 십자가에 서 돌아가실 것을 예표한다. 어린양 예수 그리스도의 십자가 죽음을 예표한 사건이다. 우리는 여기서 구원의 하나님, 구원의 은혜를 베푸 시는 사랑의 하나님을 만나게 된다.

그러면 하나님이 가죽옷을 지어 입히시기 전까지 아담과 여자는 무엇을 했을까? 벌거벗은 것을 알고, 자기들의 비참한 상태를 알고, 자기 방법대로 무화과 나뭇잎으로 옷을 만들어서 입는다.

하지만 무화과 나뭇잎으로 만든 옷은 임시방편일 뿐, 부끄러움을 가릴 수도, 두려움을 없앨 수도, 궁핍하고 비참한 상태를 해결할 수 도 없는 옷이었다. 죄인이 스스로 만든 옷이기 때문이다.

그래서 하나님은 무화과 나뭇잎으로 만든 옷을 벗겨 내시고 하나 님이 친히 만드신 가죽옷으로 아담과 여자를 입히신다. 이렇게 하심 으로 죄인임에도 불구하고 더 이상 죄인이 아닌 자가 되게 하신다. 벌거벗은 상태 때문에 더 이상 부끄럽거나 궁핍하거나 두려운 것에 거하지 않도록 해 주신다. 하나님의 사랑이다.

창세기 3장 15절에서 여인의 후손 메시아를 통해서 구원해 주신다는 하나님의 약속 때문에 아담이 갖고 있던 죄의 문제는 해결을 받는다. 그런데 만약 하나님이 죄 문제만 해결해 주시고 가죽옷은 입혀 주시지 않았다면, 아담과 여자는 계속적으로 벌거벗고 수치스러워하며 두려움에 시달렸을 것이다.

그래서 하나님은 즉시로 가죽옷을 지어 입히심으로써 사람에게 구원의 은혜를 확증시켜 주신다. 아담을 안위시켜 주신다. 눈에 보이는 가죽옷을 입혀 주심으로써 눈에 보이지 않는 하나님의 사랑과 구원의 은혜를 체험시켜 주신다. 이토록 자상하고 자비로우신 하나님의 사랑이다.

> 누구든지 그리스도와 합하기 위하여 세례를 받은 자는 그리스도로 옷 입었
> 느니라.
> ______ 갈 3:27

죄 때문에 생긴 우리의 벌거벗은 상태는 그 어떤 것으로도 해결될 수 없고, 오직 예수 그리스도로 만들어진 옷을 입어야만 한다는 고백이다. 그러므로 우리는 가죽옷을 통하여 하나님이 약속해 주신 그리스도로 옷을 입어야만 죄인의 신분에서 의인의 신분으로 바뀌었다는 것을 나타낼 수 있다.

아담의 신앙고백

하나님의 변함없는 사랑과 구원의 은혜를 받은 아담은 이제 놀라운 변화를 일으킨다.

자신의 잘못과 죄를 시인하지 않고, 핑계를 대고, 원망을 하고, 하나님을 피하여 숨고, 결혼이 주는 아름다운 축복의 질서를 깨면서, "나! 나! 나! 내가! 내가! 내가!"를 외치던 아담은, 여인의 후손 메시아를 약속받고, 친히 가죽옷을 지어 입히시는 하나님의 구원의 은혜를 받은 후에 변화를 일으킨다. 하나님이 구원해 주신다는 것을 확실하게 체험한 아담이 변한다.

아담은 그 아내를 하와, "모든 산 자의 어미"라고 이름 지어 준다 (창 3:20). 참으로 아이러니하다. 너는 흙이니 흙으로 돌아갈 것이니라, 즉 너희가 죽을 것이라는 하나님의 선언을 들었는데도 아담이 자기 아내의 이름을 하와라고 짓는다.

만약 아담이 우리와 같이 믿음 없는 자였다면 "죽는다"는 말씀을 듣고는 낙심하여 아내의 이름을 "모든 죽은 자의 어미"라고 하였을지도 모른다. 그런데 너는 반드시 죽는다는 하나님의 선언을 듣고도 아내를 "모든 산 자의 어미"라고 부른다.

비록 죽어도 하나님이 약속하신 메시아로 인해 살리라는 믿음이 아담에게 생긴 것이다. 출산의 고통 중에서 태어나는 모든 자손이 생명으로 이어질 것을 고백한다. 그 자손을 통해서 하나님이 약속하신 여인의 후손 메시아가 나실 것을 확실히 깨달은 것이다.

창세기 3장 15절의 하나님의 언약을 아멘으로 화답하는 놀라운 신앙의 결단이고 삶 속에서 일어난 영적 변화이다.

얼마나 아름다운 아담의 신앙고백인가! 여인의 후손으로 장차 오실 메시아, 언제 오실지는 모르나 분명히 그리고 반드시 오셔서 우리를 죄로부터, 사망으로부터 구원해 내실 메시아가 올 것을 확실히 믿는다는 신앙고백이다.

더 이상 죄로 인한 두려움과 수치심에 젖어 있지 않는 진취적인 믿음의 기상이고, 하나님의 은혜 앞으로 나아가는 담대한 믿음이다. 구원의 은혜를 선물로 받은 아담의 놀라운 변화, 신앙의 성숙, 신앙의 진보이다.

우리도 아담처럼 구원의 은혜를 받은 자들이다. 그러면 당연히 우리에게도 변화가 일어나야 한다. 성숙한 신앙인이 되어서 신앙의 진보를 날마다 보여야 한다.

신앙의 계승

아담은 하나님 앞에 자기 아내를 하와라고 이름 지음으로 신앙의 고백을 하였고, 또한 그 신앙을 자녀들에게 가르쳤다.

거룩하신 하나님이 죄를 얼마나 싫어 하시고 심판하시는지를 정확히 가르쳤다. 죄의 결과로 모든 사람은 하나님의 공의 앞에서 죽게 되었으며, 여자는 출산의 고통을 겪고, 남자는 수고하며 노동해야만 먹고 살 수 있다는 것을 정확하게 가르쳤다.

그뿐 아니라 죄를 심판하시는 공의의 하나님은 동시에 우리를 먼저 찾아오셔서 부르시고 용서하시는 사랑의 하나님이라는 것도 가르쳤다. 그리고 그 사랑의 하나님이 구체적으로 메시아를 약속하셨을 뿐만 아니라, 가죽옷을 지어 입히시어 언약을 확증시켜 주신 것도 가르쳤다. 그래서 아담의 아름다운 신앙은 자녀들에게 가르쳐지고 가르쳐지고 계승되고 계승되었다.

그런데 창세기 4장에서 큰 아들 가인이 작은 아들 아벨을 죽이는 사건이 벌어진다. 아담의 가정이 겪은 기가 막히게 슬프고 비참한 일이다. 비록 아담과 하와가 하나님 앞에서 선악과를 따먹은 죄는 용서받았지만, 죄의 결과로 생기는 비참함은 인간세계에 여전히 남아 있다는 것을 보여 준다.

죄로 인해 비참하게 된 아담의 가정은 어떻게 되었을까? 동생 아벨을 죽인 가인은 계속해서 자녀를 낳으면서, 죄가 죄를 낳고 죄가 죄를 낳는 죄인의 계보를 만들어 간다. 여러 아내를 두어 하나님의 창조질서를 깨고, 하나님이 주신 생명을 우습게 여기고, 죄와 가까이

하고, 악행을 행하고, 사람의 영광을 추구하며 살아간다.

하지만 이렇게 죄가 증식되고 자녀에게 전염되는 비참한 상황 속에서도 아담의 성숙한 신앙은 끊어지지 않고 다른 씨를 통해서 믿음의 자손들에게 계승된다.

> 아담이 다시 자기 아내와 동침하매 그가 아들을 낳아 그의 이름을 셋이라 하였으니 이는 하나님이 내게 가인이 죽인 아벨 대신에 다른 씨를 주셨다 함이며, 셋도 아들을 낳고 그의 이름을 에노스라 하였으며 그때에 사람들이 비로소 여호와의 이름을 불렀더라. _____ 창 4:25–26

여호와의 이름을 불렀다는 것은 예배를 드렸다는 것이다. 하나님이 어떤 분이신지 제대로 알고 하나님을 경외했다는 것이다. 아담은 그 자녀(셋)와 함께 하나님을 예배하다가 손주(에노스)가 태어나자, 늘 하던 대로 손주들과 함께 예배를 드렸다.

죄와 징계 속에서도 하나님의 사랑과 구원의 언약이 택함을 받은 자녀들에게는 신앙이라는 복으로 열매 맺어졌다. 생활 속에서 믿음을 실천하는 자, 아담의 신앙이 경건한 후손들에게 계승되었다.

하나님은 구원의 언약을 믿은 아담의 신앙을 후손들에게 가르쳐지게 하시고, 듣게 하시고, 믿음으로 고백하게 하셨다. 그리고 하나님의 언약을 믿는 사람들을 불러 모아 언약의 공동체로 만들어 가셨다.

하나님은 이 언약의 공동체를 아담의 가족에서 이스라엘이라는 민족으로 확대시켜 나가셨다. 그리고 예수를 그리스도로 믿는 영적 이스라엘의 자손들을 불러 모아 언약의 공동체인 교회를 세워 가신다. 아담의 신앙이 계승되게 함으로 하나님의 나라가 점진적으로 이루어져 가게 하신다.

그러므로 이 세상의 모든 역사는 여인의 후손 메시아를 통해서 죄인을 구원하신 약속의 말씀(창 3:15)을 이루어 가는 구원의 역사를 위하여 존재한다. 그리고 그 언약의 말씀이 신실하게 이행되어 하나님 나라를 이루어 가는 복음의 현장에 우리는 아담처럼 셋처럼 택하심을 받고 부르심을 받았다.

아담이 우리에게 가르쳐 준, 셋이 우리에게 전해 준, 지나간 신앙의 선진들이 우리에게 증거해 준 신앙을, 성경을 통해서 깨달아 알고 우리도 구원의 언약을 내 것으로 받았다. 그래서 이제 우리는 경건의 삶을 통해서 언약의 하나님을 믿고, 그 말씀을 순종하며, 우리 자녀들에게 하나님의 언약을 가르치고 계승시켜야 한다.

여인의 후손은 2천 년 전에 예수라는 분으로 이미 오셨다. 그리고 가죽옷을 위하여 한 동물이 희생된 것과 같이 우리 죄의 값을 대신 치르시기 위하여 예수님이 십자가에서 대속의 죽음을 친히 행하셨다. 그래서 예수 이전의 모든 아담의 후손, 언약을 믿는 언약 백성, 구약 시대의 신앙인들은 여인의 후손으로 오실 메시아를 믿음으로써 구원을 얻었다. 그리고 신약 시대에 살고 있는 우리는 이미 오셔서 구원의 언약을 성취하신 예수를 메시아로 믿음으로써 하나님이 약속하신 구원을 얻는다.

우리는 이제 여인의 후손으로 이미 오신 예수님이 그리스도요, 메시아요, 우리를 죄로부터 구원하여 주신 구주라는 것을 자녀들에게 가르쳐야 한다. 그리고 다시 오실 메시아, 심판주로 언약을 완성하실 주님을 기다리며 살아야 한다.

1 의의 옷(가죽옷)을 묵상하자

만질 수 없고 볼 수도 없지만 그리스도의 보혈로 하나님이 우리
에게 만들어 입혀 주신 옷.

믿음의 옷.

영생보장의 옷.

더러워지지 않고, 빨래도 필요 없고, 해어지지 않는 옷.

구원의 옷.

사랑의 옷.

축복의 옷.

2 우리 자녀들에게 옷 입는 법을 가르치자

돈 주고 사는 옷이 아니다. 믿기만 하면 은혜로 값없이 공짜로 받
는 옷이다. 싸이즈, 색상, 디자인, 어울릴지 안 어울릴지 걱정할

필요도 없는 옷이다. 전능하신 하나님이 알아서 입혀 주시는 최고급 명품, 개인별 맞춤형 옷이다. 예수님을 구주로 믿기만 하면 입을 수 있는 옷, 의의 옷이다.

자녀들에게 이 옷을 입어야 하나님이 주신 복을 누릴 수 있다고 가르쳐 주자.

3 자녀들과 함께 예배를 드리자

아담이 아들 셋과 함께 예배를 드렸기 때문에, 셋도 그 아들 에노스와 함께 예배를 드렸고, 에노스도 할아버지 아담과 아버지 셋과 함께 여호와의 이름을 부르며 즐거워했다.

하나님이 입혀 주신 의의 옷을 자녀들도 입고 있는지 예배를 통해서 확인하자.

PRINCIPLES OF FAITH

2
PART

노아와 방주
언약
하나님의 절대주권과
택한 백성

창세기 6장

"그러나 노아는 여호와께 은혜를 입었더라"(창 6:8).

하나님처럼 되고 싶어서 선악과를 따먹은 아담과 하와의 죄가 얼마나 큰 죄인가를 알려 주는 첫 번째 사건은 아담의 아들 가인이 동생 아벨을 죽인 것이었다. 그 후에 죽은 아벨 대신 하나님은 아담과 하와에게 다른 아들을 주셨는데, 그가 셋이다.

아내의 이름을 "모든 산 자의 어미"라는 뜻인 하와라고 지어 준 아담의 깊은 신앙은 셋의 계보를 통해 계승된다. 그런데 한편으로는 하나님을 떠나 여전히 회개하지 않고 죄악과 불순종 가운데 있는 가인의 후손도 세상을 살아간다.

가인의 자손을 통하여서도, 셋의 후손을 통하여서도 생육하고 번성하여 땅에 충만하라는 하나님의 창조명령은 계속적으로 수행된다.

경외 | 겸손 | 경건

CHAPTER 5

여호와께 은혜를 입은 노아

죄악이 세상에 가득함

땅 위에 사람이 번성할 때 경건한 셋의 후손들까지도 가인의 후손들을 따라 죄악을 행하게 된다. 이 죄가 얼마나 심했는지는 창세기 6장 5절에 잘 표현되어 있다.

> 여호와께서 사람의 죄악이 세상에 가득함과 그의 마음으로 생각하는 모든
>
> 계획이 항상 악할 뿐임을 보시고.   _____ 창 6:5

세상에 죄악이 가득하였다는 것은 그 죄의 양이 얼마나 대단했는지, 죄가 얼마나 어떻게 어떤 모양으로 세상에 깔렸는지를 말해 주는 표현이다.

'가득하다'는 것을 이렇게 생각해 보면 쉽다. 벽에 도배를 할 때 벽지가 잘 붙게 하기 위해서는 골고루 풀 칠 한 벽지를 차곡차곡 벽에 붙여 나가야 한다. 이때 벽면과 종이 사이에 틈이 없도록 해야 벽지가 떨어지지 않는다.

죄가 세상에 퍼진 모습이 그렇다는 것이다. 온 세상이 죄로 도배질이 쳐져서 죄가 없는 틈이라고는 바늘 끝만큼도 없다는 말이다. 그냥 단순히 많은 것이 아니라, 죄가 아닌 것이 하나도 없다는 말이다. 그만큼 세상이 죄로 꽉 차있었다. 그래서 하나님은 죄가 가득한 세상을 심판하기로 작정하신다.

하나님께 은혜를 입은 노아

이렇게 죄가 가득한 중에서도 노아는 여호와께 은혜를 입었고, 의인이고, 당대의 완전한 자이고, 하나님과 동행하는 자라고 성경은 말한다(창 6:8-9).

그런데 이렇게 죄로 빽빽하게 차있는 세상에서 노아는 어떻게 하나님께 은혜를 입었을까? 어떻게 이 죄악 가운데에서도 노아는 하나님 앞에 의인이라는 이름을 받고 완전한 자라고 칭함을 입고, 모든 사람이 하나님을 떠나고 배반하고 불순종하는 가운데서도 하나님과 동행할 수 있었을까?

우리는 그 이유를 하나님의 은혜라고 설명할 수 있다. 은혜라는 것은 사랑의 하나님이 죄인에게 값을 요구하지도 따지지도 않고 그냥 무조건 베푸시는 것이다. 이런 은혜를 하나님께 받았기 때문에 죄가 가득한 세상 중에도 노아는 의인이요, 완전한 자요, 하나님과 동행하는 자가 될 수 있었다.

그렇다면 여기서 노아가 의인이라는 것은 무슨 뜻일까? 노아의 행동이 완벽하다, 완전하다, 한 번도 죄를 지은 적이 없다는 뜻이 아니다. 홍수 후에 방주에서 나온 노아가 술에 취해서 곧바로 죄를 짓는 것을 보아도 알 수 있다.

노아가 의인이라는 말은 하나님의 은혜에 의해서 노아가 믿음으로 의인이다 라는 말이다. 이렇게 은혜로 말미암아 믿음으로 의인이 되었기 때문에 노아는 당세에 완전한 자가 될 수 있었다.

그런데 완전하다는 것 또한 흠이 없다는 뜻이 아니라, 하나님께 받은 은혜를 힘 입어 그 행함에 있어서 할 바를 다 완수했다는 것이다. 나름대로 연약이 있긴 하지만 하나님의 명령을 들을 때 왈가왈부 문제 삼지 않고 자기가 하나님 앞에서 행해야 할 바를 행했다는 것이고, 받은바 임무를 최선을 다해서 완수해 나갔다는 말이다.

노아는 그래서 늘 하나님과 동행하는 삶을 살 수 있었다. 하나님과 아주 친밀하고 깊은 교제를 나눌 수 있었다. 세상에 죄가 가득하여서 모든 사람이 하나님을 떠나 있는 상태에서도, 신앙을 지키기가 힘든 상황에서도 노아는 하나님과 여전히 친밀하고 깊은 교제를 나눈 사람이었다.

이것이 하나님의 절대주권적 은혜(헤세드)를 받은 성도의 모습이다. 값없이 은혜를 받은 성도는 하나님 앞에서 어떻게 살아야 하는가, 어떤 신앙의 반응을 보여야 하는가에 대한 대답이다.

늘 하나님의 말씀과 가르침에 철저하게 자신을 복종시키기 위해서 애쓰는 삶, 우리가 연약해서 잘 안 되기 때문에 몸부림치는 삶이 하나님과 동행하는 삶이고 완전한 자의 삶의 모습이다. 그리고 이것이 하나님께 은혜를 입은 노아가 행한 삶이었다.

방주라는 복음

하나님은 이렇게 은혜를 입은 노아에게 찾아오신다. 오셔서 하나님이 세상을 물로 심판하실 것이라고 말씀하신다.

내가 홍수를 땅에 일으켜 무릇 생명의 기운이 있는 모든 육체를 천하에서 멸
절하리니 땅에 있는 것들이 다 죽으리라.   _____ 창 6:17

그런데 하나님은 왜 이런 경고를 하셨을까? 거룩하신 하나님, 공의
의 하나님은 죄를 간과하실 수 없기 때문이다. 죄를 반드시 심판하시
는 것이 하나님의 공의이다. 그래서 세상은 홍수로 멸절될 수밖에 없
었다.

하나님은 홍수로 세상의 죄를 심판하시기 전에, 특별히 은혜를 입
은 노아에게 찾아오셔서 미리 알려 주신다. 이 세상의 주인이신 하나
님의 주권이며 일방적인 은혜였다.

아무 말 없이 하나님이 그냥 물로 싹 심판하셔도 상관은 없었다.
그런데 심판하시기 전에 노아에게 미리 알려 주신다. 이같이 하나님
이 미리 알려 주시는 은혜를 우리는 복음이라고 한다.

공의의 하나님이 심판하시는 중에도 살 길을 알려 주시는 것이 복
음이다. 홍수심판 속에서 살 길은 방주라고, 그러니 방주를 지으라고
하나님이 알려 주신다. 노아에게 물에 빠져 죽지 않고 살 수 있는 방
주라는 복음을 들려 주신 것이 하나님의 은혜이다. 방주로 들어가라!

그러나 너와는 내가 내 언약을 세우리니 너는 네 아들들과 네 아내와 네 며
느리들과 함께 그 방주로 들어가고.   _____ 창 6:18

"노아야, 내가 이렇게 심판하려고 하는데, 너는 어떻게 하면 좋겠느냐? 방주 없이 산꼭대기로 가겠느냐? 아니면 여기만 비가 내리지 않게 할까?"

하나님은 이렇게 노아와 협의를 하면서 언약을 맺지 않으셨다. 왜냐하면 하나님의 언약은 택한 자기 백성에게 하나님의 공의와 사랑을 주권적으로 그리고 일방적으로 이루어 가시는 구속의 경륜이기 때문이다.

그래서 하나님의 공의가 물로 세상의 죄를 심판할 때, 하나님의 사랑은 방주로 들어가 생명을 보존하라는 복음의 말씀을 주셨다. 이것이 노아와 맺으신 언약의 내용이었다.

성경에서 "언약"이라는 단어는 창세기 6장 18절에 처음 나온다. 그러나 내용적으로 의미적으로 언약은 이미 창세기 3장 15절에서 처음 등장한다. 범죄한 아담에게 찾아오셔서 하나님이 하신 구원의 약속에서 언약은 은혜언약의 첫 시작으로 등장한다.

창세기 3장 15절에서 아담과 하신 구원의 언약을, 하나님은 이제 노아의 시대에 와서 아담 때보다 더 구체적인 내용으로 다시 확인시켜 주신다. 여자의 후손을 통해서 죄로부터 구원하시겠다는 은혜언약의 시작은 방주를 통해서 생명을 보존하여 주시겠다는 약속으로 발전된다. 방주라는 복음으로 하나님은 노아와 언약을 세우신다.

복음을 들은 노아

방주로 들어가 생명을 보존하라는 복음을 들은 노아가 어떻게 반응하였는가는 참 중요하다. 노아는 어떤 사람이라고 했는가? 하나님께 은혜를 입은 자, 그래서 완전한 자, 따져 보지 않으며 상황을 평계대지 않고 말씀을 그대로 따르는 자라고 했다. 노아는 복음을 들었을 때 완전한 자로서 합당한 삶의 모습을 하나님께 보여 드린다.

"그런데 하나님, 어차피 다 죽이고 저만 살려 주실 거라면, 굳이 힘들게 방주를 만들어야 할까요? 동물도 한 쌍씩 들어가려면, 동물의 종류가 한두 개도 아닌데, 그리고 방주를 만들려면 재료와 시간과 힘도 많이 들잖아요. 그러지 말고 우리 동네 저쪽에 높은 산이 있으니까, 거기로 그냥 다 이사 가면 어떨까요? 그 산 밑으로는 다 물에 잠겨서 죽게 하고 우리는 살고 그러면 안될까요?"

인간적으로 여러 가지 수고해야 하는 일, 곤란한 일, 방주를 짓기 위해서 하고 싶지만 포기해야 하는 것들, 노아가 살아오던 주변의 상황이나 사람들과 관련되어 해결해야 할 일 등 얼마나 많은 갈등이 있었을까?

이런저런 타당한 이유 때문에 노아에게서는 여러 가지 반응이 나올 수 있었다. 그런데 노아는 그렇게 하지 않았다. 하나님의 말씀에 대해 왈가왈부하지 않고 이것저것을 따지지 않고 그대로 순종한다.

그러나 아무 생각 없이 로봇처럼 "띠리릭" 명령에 따르는 것이 아니라, 믿음으로 하나님의 언약의 내용을 깨닫고 준행한다. 그래서 완전한 자, 하나님의 명령을 완수할 수 있는 자가 된다. 이것이 노아가 하나님 앞에서 은혜를 입은 결과이다.

하나님께 은혜를 받지 않으면, 그 누구도 노아와 같이 완전한 삶, 하나님의 말씀을 그대로 준행하는 삶을 살 수 없다. 죄의 속성을 가지고 있는 우리 인간에게는, 그 죄 된 속성으로부터 나오는 사고뿐만 아니라 죄의 습성대로 살고 싶어 하는 습관과 욕망이 있기 때문이다. 죄 된 인간들 끼리끼리의 관계 속에서 만들어 가는 상황과 조건과 관심거리에 지배받으며 살기를 좋아하기 때문에, 하나님의 말씀을 그대로 준행하는 것을 꺼린다.

그런데 그런 것들을 모두 뒤로 하고 하나님의 말씀을 그대로 준행한 것이 노아의 믿음이다. 그리고 그 믿음은 하나님께 은혜를 입었기 때문에 가능했다.

우리도 노아처럼 이렇게 일방적이고 주권적인 하나님의 은혜를 받고 사는 사람들이다. 주권적이라 함은 받는 사람의 능력 여부에 상관없이 그 은혜의 몫이 반드시 이루어진다는 뜻이다. 따라서 우리는 하나님의 은혜를 받은 몫을 해야 한다. 속된 말로 "밥을 먹었으면 밥값을 해라"이다. 하나님의 은혜를 입고 그 은혜를 먹고 사는 자라면 마땅히 그에 합당한 삶을 살 수 있다.

1 하나님이 조건 없이 주신 은혜를 누리자

우리는 하나님께 은혜를 입은 자들이다. 우리를 연약과 허물에서 해방시켜 하나님의 의로운 무기로 변화시켜 주신 이 은혜를 누리자. 하나님이 입혀 주신 은혜는 우리가 무엇을 행하든 충분한 에너지의 공급원이다.

또한 '누린다'는 것은 방종이나 방탕과 다르다. 따라서 은혜를 누린다는 것은 확신 가운데 자발적으로 즐거워하는 신앙을 말한다.

2 하나님의 명령을 이러쿵저러쿵 따지지 말자

"안 되요"라고 말하기 전에, 내가 행할 수 있는 것부터 찾아보자. 그리고 하나님의 명령이 요구하는 대로 최선을 다하자.

결과도 중요하지만 하나님은 우리가 연약한 모습을 가지고서도 하나님을 기쁘시게 하기 위하여 애쓰는 과정을 더 귀하게 보신다. 하나님을 의지할 때 주님은 우리를 도우심으로 함께 하여 주신다.

3 말씀으로 나를 다스리며 몸부림치자

우리는 하나님의 명령과 가르침을 온전히 따르려 해도 여전히 남아 있는 연약 때문에 실천하기가 힘들다. 따라서 문제는 하나님의 말씀에 지배받는 삶을 살려고 얼마나 애쓰는가 이다.

하나님은 날마다 우리의 생각과 모습을 지켜보고 계시며 우리의 중심을 보신다. 그래서 비록 온전한 결과를 얻지 못하더라도 저 높은 곳을 향하여 날마다 나아갈 때, 육을 쳐서 영에 복종시키려는 몸부림을 하나님은 귀히 여기신다.

순종하려고 애쓰는 과정을 하나님께 보여 드리자. 긍휼히 여기시는 하나님이 도와주실 것이다.

CHAPTER 6

세상을 정죄하는 믿음의 행위

방주를 예비하는 노아

히브리서 기자는 하나님의 은혜를 받은 노아의 아름다운 신앙의
모습을 다음과 같이 말한다.

> 믿음으로 노아는 아직 보이지 않는 일에 경고하심을 받아 경외함으로 방주
> 를 준비하여 그 집을 구원하였으니 이로 말미암아 세상을 정죄하고 믿음을
> 따르는 의의 상속자가 되었느니라. _____ 히 11:7

하나님의 은혜를 받은 자가 보이는 믿음의 행위는 경외함이다. 즉 하나님이 어떤 분이신지 제대로 알기에 하나님이 하시는 어떤 일이라도 즐거움으로 순종한다.

그래서 실제로 노아는 하나님의 말씀대로 방주를 예비하고, 홍수 때가 이르자 하나님의 말씀대로 온 가족과 함께 방주로 들어가 생명을 보존하여 구원을 받는다. 그런데 노아의 이야기는 물에 빠져 죽지 않고 구원받았다는 것으로 끝나지 않는다.

히브리서 11장 7절에 중요한 표현이 있다. "세상을 정죄하고"이다. 정죄라는 것은 죄가 죄 됨을 드러내는 것이다. 죄가 죄라는 것을 알려 주는 것이고, 죄가 죄값을 치르도록 하는 것이다. 노아가 믿음으로 하나님의 말씀을 준행해서 방주를 만들고, 방주 안으로 들어가서 생명을 보존 받은 그 믿음의 행위가 세상을 향해서는 죄를 정죄한 것이라는 말이다.

"난 구원받았으니까. 세상의 죄 문제, 하나님의 공의의 심판? 이런 거 이제 나하고는 상관없는 거 아닌가? 좋은 게 좋은 거지, 이런 문제는 별로 신경 쓰고 싶지 않아." 노아는 이렇게 말하지 않았다. 노아는 방주를 만들면서 세상 사람들에게 하나님의 공의를 증거했다.

이처럼 하나님은 공의로 세상을 심판하실 때, 구원받은 성도의 경건한 삶을 사용하셔서 불신세상에게 죄악이 무엇인지 알려 주신다.

노아는 하나님의 은혜를 입고 하나님의 명령을 좇았는데, 이러한 믿음의 행위를 "경외"라고 히브리서 11장 7절은 말한다. 하나님을 경외하는 믿음으로 세상을 정죄한 후에 우리도 믿음의 선진들의 의로운 후손이 된다는 것을 히브리서 기자는 놓치지 않고 중요하게 가르친다.

하나님이 어떤 분이신지 노아는 제대로 알았다. 죄를 반드시 심판하시는 공의의 하나님이심을 알았고, 동시에 묻지도 따지지도 않고 값없이 주권적으로 구원의 은혜를 베푸시는 사랑의 하나님이심도 알았다.

그래서 노아는 하나님을 경외할 수밖에 없었다. 그렇기 때문에 노아는 방주를 예비했고, 세상을 정죄하는 복된 자리에 있었고, 의의 상속자가 되는 복을 받았다고 히브리서 기자는 말한다.

의를 전파하는 믿음의 행위

이번에는 베드로후서 2장 5절을 읽어 보자.

> 옛 세상을 용서하지 아니하시고 오직 의를 전파하는 노아와 그 일곱 식구를 보존하시고 경건하지 아니한 자들의 세상에 홍수를 내리셨으며.
>
> _____ 벧후 2:5

은혜를 받은 노아가 의를 전파했다고 베드로후서는 말한다. 여기서 "전파"라는 말은 공적으로 규정되어 정해진 내용, 수정할 수 없는 내용, "왜요?"라고 반문할 수 없는 내용을 선포한다는 뜻이다. 따라서 선포해서 알려 주는 것이 전파이다.

노아가 의를 전파하였다는 것은 자신이 하나님의 은혜로 의인이 되었다는 것을 포고했다는 말이다. 무엇을 통해서 전파했을까? 방주 짓는 일을 통해서 선포하였다. 그런데 하루 이틀도 아니고, 120년 동안이나 가족들과 함께 방주를 지으면서 의를 전파했다.

"나는 원래 죄인이었지만, 하나님의 은혜로 의인이 되었습니다. 뚝딱뚝딱! 나는 이제 의인입니다. 뚝딱뚝딱! 나는 더 이상 정죄받지 않습니다. 뚝딱뚝딱!"

이렇게 하나님께 자신이 받은 의를 선포했다. 노아가 창작하거나 노력해서 만들어 낸 의가 아니라, 하나님께 받은 의이기 때문에 노아는 즐겁게 방주를 지으며 하나님의 의를 선포했다. 그래서 베드로후서는 120년 동안 방주를 짓는 노아를 보고 "오직 의를 전파하는 노아"라고 설명한다.

방주를 만드는 삶을 통해서 그리고 믿음으로 생명이 보존케 된다는 사실을 통해서 노아는 자신이 의인이라는 것을 선포했다. 이것이 구원받은 우리 성도가 세상을 향하여 해야 할 일이다. 내가 죄인이었지만 하나님의 은혜로 의인 된 것을, 내가 죄 때문에 죽을 자였지만 하나님의 은혜로 구원받았다는 것을 우리는 전해야 한다. 이렇게 우리는 세상 사람들에게 하나님의 의를 전파하는 것이다. 노아처럼.

사랑의 하나님이 인내하시는 120년

실제로 방주는 어마어마하게 컸을 것이다. 노아의 식구들만 들어가는 것이 아니라, 새가 그 종류대로, 육축이 그 종류대로, 땅에 기는 것이 그 종류대로 각기 둘씩 한 쌍을 져서 들어갔으니 방주가 얼마나 컸을까? 코끼리 두 마리만 실으려 해도 큰 방주가 되어야 하는데, 방주는 정말로 컸을 것이다.

그런데 왜 120년이나 걸렸을까? 노아와 일곱 식구가 이토록 큰 방주를 만드느라 너무 힘이 들어서 120년이나 걸렸을까? 그렇게 볼 수도 있다. 하지만 그것보다는 그 긴 시간 동안 방주를 만들게 하신 하나님의 섭리가 개입했다는 것을 보아야 한다.

하나님의 깊으신 뜻이 120년 속에 있었다. 죄가 가득한 세상을 홍수로 심판하실 것을 선포하시면서, 하나님은 죄인들이 하나님 앞으로 나아와 회개하고 돌아오기를 기다리셨다. 죄인을 향하여 얼마나 오래 참으시는지를 보여 주시는 120년이었다. 죄에 대하여 인내하시는 120년이었다.

무한한 하나님의 사랑은, 죄를 간과할 수 없는 거룩하신 하나님의 공의가 심판하시는 일에 있어서 오래 참으신다. 이것이 하나님의 인내하시는 속성이다.

120년 동안 공의로운 심판을 유보하실 만큼 하나님의 사랑이 죄인을 향하여 인내하시는 모습은 지금도 우리에게 진행되고 있다. 이것이 하나님의 섭리다.

"하나님, 사람들 사는 것 좀 보세요. 하나님의 아들들이 사람의 딸들과 불신결혼을 하고, 악이 종횡무진하는 현실을 다 아시잖아요. 어차피 물로 심판하실 거고, 방주 안에 들어갈 우리 가족만 보존한다고 하셨는데, 뭐 때문에 120년이나 기다리시는 겁니까? 그냥 우리를 구원해 주시고 빨리 끝내시면 안될까요?"

노아가 이렇게 생각할 수도 있었다. 그러나 노아는 죄에 대하여 인내하시는 그 사랑의 섭리를 알았기 때문에 묵묵히 120년 동안 인내하며 방주를 만들어 간다.

불만과 짜증을 숨기고 시간을 채우는 것은 인내가 아니다. 즐거운 마음으로 하나님의 때를 기다리고 기뻐하는 태도로 십자가를 지고 가는 삶이 인내라는 것을 우리는 노아를 통해서 보게 된다.

지금 이 시대의 우리도 하나님이 섭리하시는 시간 속에서, 죄에 대하여 인내하시는 그 사랑의 시간 속에서 살고 있다. 하나님의 사랑이 인내하는 중에 점진적으로 진행되는 신약의 시대, 그리스도 예수께서 다시 오실 재림의 때를 기다리는 시대에 살고 있다.

따라서 마치 홍수가 올 때까지 120년 동안 방주를 예비하며 노아가 기다린 것과 같이, 우리도 재림의 때를 기다리며 정해진 시간 속에서 우리가 받은 의를 전파하며 살아야 한다.

그렇다면 이 시대에 우리가 예비해야 할 방주는 무엇일까? 구원의 방주, 바로 교회이다. 그리스도가 머리 되시고 성도들을 지체로 연합하여 부르신 교회, 언약의 공동체인 교회를 통하여서 하나님은 하나님의 나라를 확장시켜 나가시고 복음을 전하며 일하신다. 그래서 우리도 노아처럼 의를 선포하고 복음을 전파하면서 살아야 한다.

우리의 시간도 정해져 있다. 하나님이 노아에게 방주를 만들라고 하셨을 때, 120년의 시간을 정하고 홍수로 심판하신 것처럼, 지금 우리가 복음의 방주인 교회를 중심으로 그리스도의 의를 전파하고 구원의 복음을 전파하는 시간 또한 정해져 있다. 예수님이 다시 오실 때까지이다.

그 시와 때가 언제인지는 우리가 정확히 알지 못 한다. 그러나 우리가 알지 못 하는 것이지 그렇다고 해서 예수 재림의 때가 미정이고 불확실한 것은 결코 아니다. 예수님은 반드시 오시며 그 시간은 정해져 있다. 그러나 그 때와 시는 오직 하나님 만이 아신다. 그러므로 우리는 밤이 오기 전에 어서 복음을 전해야 한다.

1 세상과 구별되는 것을 두려워하지 말자

죄의 지배를 받는 불신자들이 예수쟁이라며 왕따를 시키기 전에,
우리가 먼저 크리스천 '스따'(스스로 왕따)가 되자. 그래도 괜찮다.
왜냐하면 우리는 노아처럼 하나님의 은혜를 입은 자들이기 때문
이다.

하나님은 우리를 세상으로부터 거룩하게 구별시켜 주셨다. 그래
서 즐거운 마음으로 경건한 삶을 실천할 때, 세상 사람들은 우리
가 다르다는 것을 알게 된다.

공의의 하나님은 세상을 정죄하실 때, 이렇게 경건한 삶으로 '스
따'가 된 우리를 사용하시며 기뻐하신다.

2 당당하게 사는 크리스천이 되자

우리가 비록 연약하여 크고 작은 죄를 짓거나, 하나님의 말씀을

온전히 순종하지 못 한다 하더라도 좌절하지 말자.

왜? 나를 향한 하나님의 사랑이 변하지 않기 때문이다. 죄의식에 사로잡혀서, 하나님의 은혜가 나에게 주신 '의인'이란 이름을 잊어버리지 말자.

죄를 깨닫고 시인하는 것과 죄책감에 젖어 있는 것은 다르다. 죄책감에 지배받는 것은 우리 안에 있는 생명의 성령의 법을 무시하는 것이다(롬 8:2). 수고하고 무거운 죄의 짐을 예수께로 가져오고 그리스도 안에서 자유함을 누리자.

"저 사람 무슨 빽을 믿고 저렇게 당당하지?"라고 말하는 사람들에게 내가 하나님의 은혜로 의인 된 것을 선포하자. 하나님의 의가 나를 당당하게 만들었다고 선포하자. 나는 더 이상 정죄함을 받지 않는다고 선포하자. 당당함으로 사람들의 눈치를 보지 말고 세상의 죄를 알려 주자.

경외 ｜겸손 ｜경건

CHAPTER 7

성도의 인내: 속히 오소서

믿음의 눈으로 되어질 일을 내어다 본 노아

히브리서 11장 7절은 믿음으로 노아는 아직 보지 못 하는 일에 대하여 경고하심을 받았다 라고 한다. 120년 후라는 미래에 일어날 일, 아직 발생하지 않은 일을 될 것이라고 확신했다.

그런데 노아는 보지 못 하는 일을 어떻게 믿을 수 있었을까? 왜냐하면 그 일은 노아가 할 일이 아니라, 절대주권의 하나님이 하실 일이었기 때문이다. 전능하신 하나님이 하실 일이기 때문에 반드시 될 일이라고 믿은 것이다. 이것이 믿음이다. 그리고 이것이 우리 성도가 가져야 할 영적 안목이다.

120년 동안 노아는 "앞으로 하나님이 홍수로 다 빠져 죽게 하실 것입니다"하면서 방주를 만들지 않았을까? 그런데 방주에는 노아의 식구 외에는 아무도 들어오지 않았다. 베드로후서는 분명히 노아가 부지런히 전했다고 하는데 사람들은 왜 믿지 않고 방주로 들어가지도 않았을까?

"비가 뭐 한두 번 오나? 비가 많이 올 수도 있지. 그렇다고 세상 사람들이 다 물에 빠져 죽을 만큼 비가 오겠어?" 사람들은 이렇게 말했을 것이다. 지금 일어날 일이 아니기 때문에 믿지 않았다. 그런데 노아는 반드시 일어날 것이라고, 홍수가 나서 모두 물에 빠져 죽을 것이라고 믿었다. 왜냐하면 하나님이 그렇게 하실 것이라고 말씀하셨기 때문이다.

노아가 홍수심판에 대하여 전하였듯이 성경도 수없이 우리에게 말한다. 예수님이 다시 오신다고, 재림하신다고, 그때는 불로 심판하신다고 수없이 말한다. 그런데 성도들조차도 "글쎄?"라고 하며 실감나게 믿지 못 하거나 "나중에 좀 천천히 오시면 좋겠다"라고 생각하는 경우가 있다.

노아의 시대에 홍수가 나기 전으로 상황을 옮겨놓는다면 이렇게 말하는 것과 같다. "글쎄, 하나님이 세상을 물로 심판하셔서 다 빠져 죽게 하시는 건 알겠는데요. 믿는다고요. 그런데 아들 장가도 보내야 되고, 딸 시집도 보내야 되고, 저쪽 마을에 투자한 과수원 땅에서는 몇 년 후면 수확이 있을텐데 그 전에 홍수가 나면 안 되는데요. 그리고 한 번 거둬들이는 수확으로는 얼마 되지 않아서 자손들이 대대로 누리도록 하려면 120년은 너무 짧아요. 한 500년 후에 홍수가 나는 것으로 늘려 주시면 안 될까요? 이 땅에서 수고했는데 이 세상 복도 좀 누리면서 오래오래 살아봐야 하지 않겠어요?”

지금 우리의 모습이 아닐까? “예수님이 오시면, 새 하늘과 새 땅이 열리고, 저 영원세계에서 영생복락을 누리고 산다는 것 내가 믿기는 믿어요. 그런데 어떤 건지 구체적으로 잘 모르겠어요. 실감이 안 나요. 천국이 어떤 곳인지 잘 모르겠어요.”

그래서 “마라나타, 예수님 어서 오시옵소서”가 아니라, “좀 천천히 오세요. 저 아직 하고 싶은 일이 많아요. 아직 결혼도 안 했고, 외제차도 아직 못 타봤고, 큰 평수 아파트로 이사도 해야 되고, 해외여행도 해야 되고 어쩌구 저쩌구” 말들을 늘어놓는다. 하나님의 말씀을 제대로 깨닫지 못 했다는 증거이다. 믿음 없음의 증거이다.

주님이 다시 오시는 날이 약속대로 반드시 온다는 것을 우리는 믿고, 그 날이 속히 올 것을 바라야 한다. 물론 우리가 속히 오시라고 한다고 해서 예수님이 오시기로 정해져 있는 시간이 단축되는 것은 결코 아니다.

가령 예수님이 500년 후에 다시 오신다고 가정해 볼 때 “예수님,

500년 동안이나 기다리려면 환난의 시간이 너무 길어지니까 300년이 좋겠어요. 예수님, 그러니까 그냥 속히 오세요. 500년 말고 300년 있다 오세요. 그 정도는 기다려 볼게요." 이런 의미의 속히 오소서가 아니다.

그렇다면 요한계시록에서 말하는 마라나타, 속히 오시기를 바라는 것은 무슨 의미일까? "어차피 오실 건데, 우리가 이렇게 고통받고 수고할 게 뭐 있어요. 차라리 이 땅에서 그만 살고 천국에서 사는 게 좋겠어요. 그러니까 빨리 오세요." 이것도 아니다.

마라나타는 새 하늘과 새 땅에서 누릴 영생복락과 영화의 세계를 너무나도 사모한다는 뜻이다. 이 죄의 몸을 벗어버리고 천국에서 누릴 영화의 삶을, 하나님의 나라에서 하나님과 영원토록 함께 하는 것이 너무나도 아름답기에 이것을 간절히 사모한다는 고백이다. 그래서 노아는 방주를 예비하는 120년 동안, 하나님이 홍수로 심판하실 그 때를 사모하며 살았다.

방주 짓는 일은 쉽지 않았을 것이다. 온갖 방해가 있었을 것이다. 하나님을 믿지 않는 이웃 사람들이 그를 미쳤다며 조롱하는 것은 당연하고, 노아가 말하는 홍수심판에 대해서 화가 난 사람들이 과격한 반응을 보이며 방주 만드는 일을 방해하고 테러를 했을 수도 있다.

"왜! 멀쩡하게 잘 살고 있는데 그런 말을 하는 거야! 비는 적당히 식물이 자랄 만큼만 오는 거지, 오면 또 얼마나 오겠어. 그런데 홍수 때문에 세상이 완전히 멸망한다고? 노아, 당신 미친 것 아니야? 당신 미친 건 좋은데, 120년 후에 홍수가 나서 아무도 안 남고 다 죽고 동물도 다 죽는다는 유언비어를 날조해서 왜 세상을 혼란하게 만드는 거야? 왜 사회를 혼란에 빠뜨리는 거야?"

그런 가운데서도 노아는 하나님을 경외함으로 방주를 예비하였다고 히브리서 11장 7절은 말한다. 노아는 공의의 하나님을 두려워하며, 구원하시는 사랑의 하나님을 경외하면서 방주를 만들었다.

이것이 믿음이고 순종이다. 거룩하신 하나님이 120년 동안 공의를 유보하시는 인내, 그 인내 속에서 노아도 자기 삶을 인내하며 산 것이다.

세상에서 죄가 싹 없어지면 노아가 얼마나 살기 좋았겠는가? 하나님을 믿지 않는 자들이 얼마나 노아를 방해하고, 조롱하고, 흉보고, 요새말로 왕따를 시켰겠는가? 죄가 가득하여 지긋지긋한 불신의 세상이 끝나 버리면 노아는 얼마나 편했겠는가? 홍수심판 후에 죄가 없어지고 정결하게 될 세상이 얼마나 기다려졌겠는가?

방주를 짓는 120년 동안 노아는 홍수심판으로 죄가 없어질 정결한 세상을 소망했다. 마라나타! 홍수심판이여.

노아는 무법한 자들의 음란한 행실로 인하여 당하던 고통이 없어질 세상을 확신했기에 기다렸다. 하나님께서 경건한 자를 심판으로부터 건지시고 상한 심령을 회복시켜 주실 것을 소망하며 인내했다.

게다가 거룩하신 공의의 하나님이 인내하시는데, 노아가 어찌 인내하지 않을 수가 있었겠는가? 하나님의 인내하심을 따라 노아는 120년을 인내하며 기다렸다.

인내는 소망에서 나온다. 우리에게도 하나님의 인내를 좇아서 하나님을 신뢰하며 믿음으로 인내하는 삶이 있어야 한다.

안위하는 자

하나님이 명령하신 대로 노아와 그 가족과 각종 동물이 한 쌍씩 방주로 들어가서 생명을 보존 받는다. 방주 안으로 들어가 생명을 보존 받은 사람은 노아와 그의 가족 일곱 명, 이렇게 해서 총 여덟 명 밖에 없었다.

노아가 방주를 만들면서 그렇게 복음의 씨앗을 뿌리며 하나님의 의를 전파하였는데 열매는커녕 싹도 하나 안 났다. "방주에 들어갔다가 싫다고 뛰어나간 이웃들이 있었더라." 이런 말도 없다. 인간적으로 볼 때 참 낙심할 일이다.

노방전도를 해 본 사람이라면 한 번쯤, 아니 수 차례 경험해 보아서 알 것이다. "예수 믿으세요"라고 하며 전도지를 건네줄 때 건성으로라도 받아서 가면 마음이 덜 상하는데 눈을 째리면서 손을 탁 뿌리

치기라도 하면 부끄럽기도 하고, 복음이 수치를 당한 것 같아 얼마나 마음이 상하는지 모른다. 그런데 노아는 120년 동안 전도한 결과 가족 밖에 얻지 못 하였다.

그러나 노아는 낙심하지 않는다. 어떻게 해서 낙심하지 않았다는 것을 알 수 있을까? '노아'라는 이름에서 알 수 있다. 창세기 5장 29절에서 아버지 라멕은 앞으로 그 아들이 어떤 삶을 살 것인지에 대해서 '노아'라는 이름을 지어줌으로 미리 말하였다.

> 이름을 노아라 하여 이르되 여호와께서 땅을 저주하시므로 수고롭게 일하는
> 우리를 이 아들이 안위하리라 하였더라. _____ 창 5:29

노아라는 이름의 뜻은 '안위하다'이다. 혹 '위로하다'로 오해할 수 있는데, 안위와 위로는 다른 것이다. 위로는 괴로움을 덜어 주는 말이나 행동이지 해결책을 제시해 주지는 않는다. 그러나 안위는 고통과 괴로움을 없애 주거나 통증을 해소시켜 주는 것이다(relief).

안위의 또 다른 뜻은 어디로부터 다른 곳으로 옮겨놓아 주는 것이다(deliver). 따라서 노아는 여호와 하나님이 "땅을 저주"하실 때, 물로 죄를 심판하시는 곳에서 건져내어 준다는 뜻의 이름이다. 또한 죄로 완전히 가득 차있는 시대를 살면서 세상의 죄 때문에 당하는 고통을 해소시켜 준다는 뜻의 이름이다.

아무도 하나님을 믿지 않고 노아만 하나님을 경외하고 있었다. 그러니 그 삶이 얼마나 고통스러웠을까? 먹을 것이 없어서 고통스러운 것이 아니라, 영적으로 이루 말할 수 없이 괴로웠을 것이다.

하나님을 믿지 않는 사람들과 섞여서 사는 자체가 성도에게는 고통이기 때문이다. 쉽게 말해서 나만 예수를 믿고 내 형제, 자매, 친구, 아무도 예수를 믿지 않는다는 것이다. 이 기가 막힌 고통과 심령의 애통함을 노아가 당했다.

노아는 자신의 이름대로 죄악의 세상으로부터 옮겨짐을 받고, 하나님을 믿지 않는 자들의 온갖 음란과 악행이 주는 고통으로부터 해결을 받는다. 노아는 하나님의 은혜를 입었기 때문에 악이 난무하는 고통의 장소에서 정결한 곳으로 옮김을 받는 삶의 소유자가 된다.

그리고 아버지 라멕은 아들에게 노아라는 이름을 지어줌으로써 죄의 결과로 받는 저주와 수고와 고통에서 건져 주실 메시아(창 3:15)를 소망하고 있음을 고백하였다. 노아도 악행이 난무하는 세상에 살면서 "안위하는 자"가 오실 것을 기다리며 방주를 만들었고, 그 소망이 있기에 가족과 후손들을 안위하였다.

방주로 들어가 생명을 보존 받은 노아는 아버지 라멕의 시대보다 더 생생한 체험을 통하여, 안위하는 자인 메시아가 장차 여인의 후손으로 오실 것을 확신하였다. 방주를 통해 생명이 보존된 자신과 일곱 명의 가족을 통하여 약속하신 구원자가 오실 것을 확신하였다. 이 소망과 확신 때문에 노아는 120년 동안 방주를 만들며 인내한 결과에 대해 낙심하지 않고 감사하였다.

공의의 심판 vs. 구원의 축복

노아 시대의 홍수사건은 불신세상의 죄악을 향한 하나님의 공의의 심판이었다. 그러나 동시에 이 홍수는 하나님의 은혜를 입은 노아와 그 가족에게는 구원의 축복이었다. 홍수는 악인들 때문에 경건한 자들이 받는 고통을 끝내 주는 것이었다.

죄인에게는 저주이고, 심판이고, 죽음이지만 하나님의 은혜를 입은 노아와 그 가족들에게는 생명을 보존 받고, 안위를 받는 사건이었다. 그러므로 우리도 노아 시대의 홍수사건을 기억하면서 죄가 완전히 끝장나는 재림의 때, 예수 그리스도의 심판을 사모하게 된다.

하지만 노아 시대에 행해진 홍수심판으로 이 세상의 죄가 완전히 끝난 것은 아니었다. 그 후에도 사람은 계속 사람을 낳고 낳고 낳으면서 죄를 지었고, 현재 우리 시대에도 멈추지 않고 죄는 만연하고 있다. 그러나 앞으로 오실 예수 그리스도의 죄에 대한 심판, 재림의 심판은 완전한 심판이다. 과거에 있었던 홍수심판과는 다른 것이다. 죄를 향한 더 이상의 심판이 필요 없는 완전한 심판이다.

이와 같이 구원받고 다시 오실 예수님을 믿는 자에게 그리스도 재림의 심판은 하나님의 택함을 받은 언약 백성이 누리는 완전한 구원이다. 그때에는 더 이상 육신의 연약 때문에 인내하며 기다려야 할 것이 없다. 그래서 우리는 "내가 죄로부터의 완전한 해방, 완전한 영화를 사모합니다. 마라나타, 주여 어서 오시옵소서"라고 한다.

노아는 비록 그 이름의 뜻이 안위하는 자, 즉 죄의 고통으로부터 해소를 시키는 자, 죄의 고통의 자리로부터 건져 주는 자였지만, 이는 완전한 것이 아니었다. 하나님은 노아의 삶과 노아와 맺으신 언약을 통하여서 이제 장차 오실 완전한 안위자, 완전한 구속자 예수 그리스도를 예표해 주신 것이다.

그분이 오시면 모든 것이 단번에 끝난다. 더 이상 죄의 고통이 없다. 더 이상 죄로부터의 구원이 필요 없게 된다.

노아의 시대에 홍수는 반드시 있어야 했다. 공의의 하나님이 죄를 심판하셔야 하기 때문에 그리고 사랑의 하나님이 노아와 그 가족을 죄로부터 해방시켜 주셔야 하기 때문에 홍수는 반드시 있어야 했다. 그래서 노아에게 홍수는 불행한 일이 절대 아니었다.

우리는 '노아의 홍수'하면 "오! 끔찍한 사건이야. 그런데 그 불행한 중에 노아가 구원받은 거야"라고 생각할 수 있다. 그러나 그렇지 않다. 홍수라는 심판이 은혜를 입은 노아에게는 반드시 필요했던 구원의 사건, 축복의 사건이었다. 홍수가 있어야만 그 시대 죄악의 고통으로부터 노아가 완전히 건짐을 받을 수 있었기 때문이다.

내 옆에서 내 이웃들이 하루 한 날도 빠지지 않고 와서 하나님의 이름을 비방하며 망령되게 취급한다고 생각해 보자. 하나님을 믿는다고 하면서 와서 괴롭히며 마을에서 왕따를 시킨다고 생각해 보자. 얼마나 고통스럽겠는가?

노아가 그렇게 살았다는 것이다. 그 고통으로부터 해방시켜 주는 것은 홍수밖에 없었다. 그래서 홍수는 구원의 하나님이 은혜를 입은 노아를 위하여 행하신 일이었다. 그러나 이것은 노아가 홍수 때문에 구원을 받았다는 말이 아니다. 그런 오해는 없길 바란다. 홍수라는 사건이 노아에게는 모든 고통으로부터 분리시키시고, 건지시고, 해소시키시는 사건이었다는 말을 하려는 것이다.

홍수 가운데에서도 방주를 통해 생명을 보존하시겠다는 이 은혜의 언약은 시간이 흐르면서 점점 더 구체적으로 발전되어 택한 백성들에게 나타난다. 그리고 드디어 하나님의 언약은 예수 그리스도를 통해서 십자가에서 성취된다.

그리고 예수님의 재림의 때에 성취된 구원의 언약을 완성하심으로 죄로 물든 이 세상은 모두 사라지고 새 하늘과 새 땅이 우리에게 열린다.

1 경건한 삶으로 세상을 리드하자

절대 진리와 가치를 인정하지 않고 다수의 논리를 좇아 급변하는 세상 풍조와 가치에 끌려다니는 크리스천이 되지 말자.

하나님의 말씀과 같이 가는 가치, 세상의 죄를 깨우쳐 주는 기독교 윤리, 세상 사람들이 부러워하는 기독교 문화로 세상을 리드하자. 말씀을 준행하는 삶을 통해 세상을 정죄할 뿐만 아니라, 의로운 삶으로 모범을 보여 주며 세상을 리드하자.

2 인내하며 하나님의 때를 기다리자

오늘의 문제들 때문에 좌절하지 말자. 우리 삶의 갈등을 해결하는 답은 어떻게 하면 하나님이 기뻐하실까를 찾는 것이다. 이렇게 할 때 우리는 즐거운 마음으로 인내하며 하나님이 정하신 때에 도달할 수 있다.

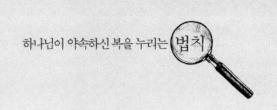
어차피 우리는 '그 때'에 다다르게 된다. 그러므로 나의 발길을 인도하시는 하나님을 의지하며 인내함으로 나아가자.

반드시 우리가 다다르게 될 미래이니 노아처럼 방주를 예비하며 기다리자.

3

PART

택한 백성을
부르시는
언약의 하나님

창세기 12-16, 21-22장

"여호와께서 아브람에게 이르시되
너는 너의 고향과 친척과 아버지의 집을 떠나
내가 네게 보여 줄 땅으로 가라"(창 12:1).

온 세상에 죄가 가득하여 하나님은 홍수로 세상의 모든 것을 멸하신다. 그리고 하나님께 은혜를 입은 노아와 그의 가족만을 구원하신다. 방주로 들어가 생명을 보존 받은 노아와 세 아들 셈, 함, 야벳에게 하나님은 생육하고 번성하여 땅에 충만하라는 복을 주신다. 그리고 주신 복을 따라 이들에게서 온 땅에 열국 백성이 나뉘어져 번성한다.

하나님의 주권적인 사랑은 이들 중에서 특별히 아브라함을 선택하여 부르시고 그와 언약을 맺으신다. 그런데 하나님은 아브라함과만 언약을 맺으셨을까?

아니다. 하나님이 최초로 언약을 맺으신 사람은 아담이었다. 하나님은 범죄하여 죽게 된 아담에게 "여인의 후손"이라는 복음의 말씀을 주시고(창 3:15), 가죽옷을 지어 입히심으로 생명의 구원을 약속하신다(창 3:21). 이렇게 아담과 최초의 언약, 은혜언약을 맺으신 하나님은 노아와 그 후손과도 언약을 세우시고 복을 주신다(창 6:18, 9:9). 그런데 왜 "하나님의 언약"하면 아담도 노아도 아닌 아브라함이 대두되는 것일까?

하나님은 아담이나 노아와 맺으셨던 희미한 내용의 언약보다 훨씬 더 구체적으로 발전된 내용을 가지고 언약을 맺으러 아브라함을 찾아오신다. 하나님과의 언약을 말할 때 아브라함을 주요인물로 배우는 이유가 여기에 있다.

경외 | 겸손 | 경건

CHAPTER 8

선택 받은
아브라함에게 주신 언약

언약이란

언약은 하나님이 자기 백성을 구원하시는 구원의 경륜이다. 그런데 이 언약의 내용이 처음에는 그림자처럼 희미하다가 시간이 지나고 언약의 백성이 번성함에 따라, 점진적으로 발전되어 구체적인 내용으로 드러난다. 아담의 때보다 노아의 때에 더 구체적으로, 노아의 시대보다 아브라함의 시대에 더 구체적인 내용으로 언약은 확증된다. 그리고 여인의 후손으로 오신 예수 그리스도를 통해서 가장 구체적으로 완벽하게 성취된 하나님의 언약은 이제 마지막 때, 예수님이 다시 오실 때 완성될 것이다.

언약에는 여러 특성이 있지만, 그 중 우리가 주목할 점은 언약의 절대주권성이다. 이것은 인간 편에서 필요를 느껴서 하나님께 계약을 맺자고 한 것이 아니라는 뜻이다. 전적으로 타락한 인간은 죄 용서가 필요한지, 심판으로부터 구원이 필요한지조차도 모르는 무능한 존재이기 때문이다.

그런데 자기 백성을 사랑하시는 하나님이 죄의 삯인 사망의 짐을 지고 있는 죄인에게 일방적으로 찾아오셨다. 그리고 주권적으로 택한 백성과 '강권적으로' 계약을 맺으신다. 쌍방 간의 합의에 의해서 맺어지는 일반적인 계약 방식이 아니라, 하나님의 은혜와 사랑 안에서 강권하여 일방적으로 맺어진다.

그래서 하나님이 맺은 구원의 언약에 있어서 계약 당사자 간의 관계는, 하나님이 능동적 공급자이고 언약 백성은 수동적 수혜자이다. 그러므로 언약은 선택 받은 자들에게 하나님이 베푸시는 주권적 은혜이다.

또한 하나님이 주도권을 가지고 언약이 이행되도록 이끌어 가시기 때문에, 언약 백성이 계약조건을 위반한다고 하여서 그 언약이 변경되거나 파기되지도 않는다. 그리고 하나님이 스스로 확증하시는 언약에 대한 신실하심 때문에, 만약 언약의 백성에게 계약조건에 미달

되는 것들이 있을 때에는 은혜 안에서 그것들을 공급받게 된다.

이렇게 하나님의 언약 안에 있는 자들은 믿음을 은혜의 선물로 받기 때문에, 언약을 받은 사람들을 믿음의 자손이라고 한다. 그래서 하나님의 언약은 약속을 받은 자들의 믿음 안에서 이루어져 간다.

아브라함을 선택하시고 그에게 믿음을 주신 하나님은 아브라함으로 하여금 복(언약 백성들이 받게 될)의 통로가 되게 하시기 위하여 세 가지를 약속하신다. 땅을 주겠다. 많은 자손을 주겠다. 한 씨를 통해 메시아를 주겠다.

언약의 목적

언약은 "너희가 하나님의 백성이다"라고 단순히 알려 주는 것에 머무르지 않는다. 하나님이 언약을 주신 목적은 먼저 자기 백성을 불러 모으시기 위함이고, 불러 모아서 구원하시고, 구원받은 백성을 거룩하게 하시고, 거룩하게 한 그 백성에게 잃어버린 안식과 복을 주시기 위해서이다.

따라서 그리스도 안에서 구원받은 백성인 우리는 거룩하여질 의무가 있다. 아니, 의무일 뿐만이 아니라 하나님은 반드시 우리를 거룩하게 만들어 주신다. 신실하신 하나님이 그렇게 역사하신다.

또한 하나님과 함께 거하며 교제하게 하신다. 이 땅에서만이 아니라 저 영원세계에서도 하나님과 영원히 거하며 안식을 누리게 하신다. 이것이 언약의 목적이다. 그리고 이를 위해서 하나님은 주권적으로, 강권적으로, 강제적으로, 일방적으로 언약을 이행하여 나가신다.

언약은 사랑의 하나님이 무조건 베푸시는 은혜에 근거한다. 하나님은 첫 사람 아담과 은혜의 언약을 맺으신다(창 3:15). 그러나 이 은혜언약 전에 먼저 행위언약을 맺으셨다. "선악을 알게 하는 나무의 열매를 먹지 말라. 먹는 날에는 반드시 죽으리라"(창 2:17).

"먹지 말라"는 명령은 아담에게 언약을 지켜야 한다는 단순한 부담감을 주기 위해서 세워진 내용이 아니었다. 선악과를 먹지 말라는 명령을 통해서 하나님은 창조주이시며 인간은 피조물이라는 것을 확언하셨다. 그리고 그 명령에 순종했을 때, 인간이 받아 누릴 복과 안식을 주시기 위해서 하신 행위언약이었다.

그런데 사람이 이 언약을 지키는 것에 실패한다. 피조물이 감히 창조주처럼 되려는 교만으로 하나님께 반역을 하였다. 그래서 행위언약의 조건을 위반하고 죄를 지은 결과로 인간은 사망에 이르고, 하나님이 예비하신 영생의 복과 안식을 잃어버리게 된다.

그러나 하나님은 이 약속을 파기하지 않으시고 강권적으로 언약을 이루어 가심으로서 하나님의 사랑에 변함이 없음을 보여 주신다. 그것이 창세기 3장 15절에 나오는 은혜언약이다. 그리고 이 언약을 따라서 노아와 아브라함과 그 이후의 하나님의 백성들에게도 하나님은 계속적으로 찾아오셔서 언약을 확인시켜 주시고 이행하신다.

횃불언약

> 나는 이 땅을 네게 주어 소유를 삼게 하려고 너를 갈대아인의 우르에서 이끌어 낸 여호와니라.
> _____ 창 15:7

> 해가 져서 어두울 때에 연기 나는 화로가 보이며 타는 횃불이 쪼갠 고기 사이로 지나더라.
> _____ 창 15:17

창세기 15장 17절에 기록된 횃불언약을 통해서 우리는 언약의 주권성에 대하여 깊이 묵상할 수 있다. 하나님은 아브라함을 갈대아 우르에서 부르시고 "내가 지시할 땅으로 가라"고 말씀하셨다.

아브라함은 갈 바를 알지 못 했지만 약속의 땅을 향해 떠났고, 드디어 그 땅에 도착하여 그곳에 정착한다. 하지만 아무리 아브라함의 믿음이 좋다 하더라도, 거주하고 있는 곳이 하나님이 약속하신 땅이라 하더라도 어찌 그에게 이런저런 문제와 걱정거리가 없었겠는가!

이런 아브라함의 상태를 잘 알고 계시는 하나님은 아브라함을 찾아오셔서 다시 약속을 확증시켜 주신다. 하늘의 별처럼 셀 수 없이 많은 자손을 주시고, 그 땅을 소유하게 해 주신다고 말씀하신다.

사실 그 당시 아브라함은 이미 늙었으며 많은 자손은커녕 한 명의 자식도 없었다. 게다가 약속의 땅이라고 믿으며 거하고 있는 땅의 주변에서는 전쟁이 일어나 포로로 잡혀간 조카 롯을 구해 오는 사건을 치르는 등, 주변 상황도 안정되지 않았다.

그래서 아브라함은 "주 여호와여, 내가 무엇으로 이 땅을 소유한다는 것을 알겠습니까"라는 질문을 하게 된다. 언약의 증표를 달라고 한 것이다. 이것은 본토 친척 아비 집을 떠나 약속의 땅으로 가라고 명령하신 하나님의 약속을 여전히 믿고 있다는 고백이었다.

그래서 창세기 15장 6절은 "아브라함이 여호와를 믿으니 그를 의로 여기셨다"고 말한다. 이때 하나님은 아브라함과 횃불언약을 맺으시며 언약을 확증시켜 주시고, 아브라함의 자손들이 언약의 백성으로서 장차 감당할 일들에 대하여 미리 말씀하여 주신다.

하나님은 아브라함에게 동물들을 쪼개어 놓으라고 명령하신다. 아브라함의 시대에는 A와 B가 계약을 할 때 쪼개진 동물 사이로 계약 당사자 둘이 같이 지나면서 계약의 내용을 지킬 것을 서약했다. 둘 중 누구라도 이 계약을 어기게 되면 이 동물들과 같이 찢기어 죽임을 당한다는 것을 상징하는 절차로 계약이행에 대한 강력한 의사를 표시하는 것이었다.

하나님은 이처럼 당시 고대 근동지역의 계약풍습을 사용하여 언약을 체결하신다. 하나님이 하신 언약의 말씀을 아브라함이 눈으로 보며 체험할 수 있도록 상징적인 언약 절차를 배설해 주신 것이다.

말씀하신 대로 아브라함은 동물을 쪼개어 마주 대하여 놓고 하나님이 하실 일을 기다린다. 하나님이 어떤 분이신지 알고 있는 아브라함의 믿음이다. 그렇게 기다리고 있자, 하나님이 오셔서 말씀하신다. "내가 너에게 많은 자손을 줄텐데, 그들이 때가 되면 이방의 객이 될 것이다. 그리고 400년 동안 네 자손들이 고통 속에서 다른 나라를 섬기게 될 것이다. 그러나 다시 그들이 큰 재물을 이끌고 이 땅으로 돌아오게 될 것이다." 이것이 약속의 땅을 소유하게 될 증표를 달라고 한 아브라함에게 하나님이 맺으신 언약의 내용이었다.

당시의 계약방법과 절차대로 라면 계약 당사자인 하나님과 아브라함이 함께 쪼개진 동물 사이를 지나야 한다. 보이지 않는 하나님을 상징하는 횃불과 아브라함이 함께 지나가야 한다. 그런데 아브라함은 없고 횃불만 지나간다.

이것은 아브라함과 언약을 맺고 시행하시는 하나님이 그 언약의 내용을 반드시 실행하고 이루실 것이라는 뜻이다. 그러므로 언약체결의 대상자인 사람의 조건이나 이행여부와 상관이 없는 언약이라는 선언이다.

만약 그 쪼갠 고기 사이로 하나님의 횃불과 함께 아브라함을 걸어

가게 하셨다면 이후 아브라함은 어떻게 되었을까? 얼마 가지 않아 아브라함은 언약을 지키지 못 하여서 그 쪼갠 고기처럼 죽게 되었을 것이다.

어떤 사람도 이 언약을 온전히 지킬 수 없다는 것을 아시는 하나님은 혼자서 쪼개진 동물 사이를 지나시며 언약을 체결하신다. 그 결과 하나님이 맺으신 언약을 아브라함은 은혜로 받게 된다. 사랑의 하나님이 자기 백성에게 일방적으로 베푸시는 주권적인 은혜이다.

땅의 약속

> 여호와께서 아브람에게 이르시되 너는 너의 고향과 친척과 아버지의 집을
> 떠나 내가 네게 보여 줄 땅으로 가라.　　　　　　　　_____ 창 12:1

하나님은 아브라함을 선택하여 부르시고 땅을 약속해 주신다. 갈 바를 알지 못 하는 상태에서 약속의 땅을 받은 아브라함(히 11:8)은 마침내 그 약속의 땅 가나안에 들어간다. 그리고 그 땅에서 약속의 자녀를 낳아 키우면서 하나님이 언약을 이루어 가고 계시다는 것을 알게 된다.

그런데 하나님이 약속하신 땅에는 이미 가나안 사람들이 살고 있

었기 때문에 그 곳에 정착하는 것은 쉬운 일이 아니었다. 실제로 아브라함은 자신이 판 우물을 블레셋 사람들에게 빼앗기기도 했다. 그럼에도 불구하고 후손에게 영원한 기업으로 그 땅을 주신다는 약속을 아브라함은 믿음으로 받았다. 그리고 하나님은 아브라함과 함께하시고 도우시며 약속을 지켜 주셨다.

이처럼 무슨 일을 하든지 하나님의 은혜로 형통하게 되는 아브라함을 지켜 본 블레셋 왕 아비멜렉은 그를 찾아와서 우호관계를 요청하게 되고, 아브라함은 블레셋 족속의 땅에서 평안히 지낼 수 있게 된다.

아브라함은 브엘세바에서 에셀나무를 심으며, 블레셋 땅에서 평화롭게 정착한 것은 오직 하나님이 언약을 이루어 가시는 은혜의 과정임을 고백한다(창 21:22-34). 그리고 영생하시는 하나님이 지금까지 은혜로 인도하신 것을 기억하며 감사의 예배를 드린다.

또한 "영생하시는 하나님"이란 이름을 부름으로 이 언약은 자신의 당대에만 해당되는 것이 아님을 찬양한다. 아브라함이 에셀나무를 심은 것은 하나님이 신실하신 사랑과 전능하심과 임마누엘 동행하심으로 자기 백성에게 언약을 지켜 나가신다는 것을 그 땅에서 나고 살아갈 그의 후손들에게 가르쳐 주기 위한 믿음의 행위였다.

땅의 약속은 성도들이 이 세상에서 누릴 기업에 대한 약속이다. 그래서 구약의 성도들이 약속의 땅에 거한 것을 통해서 우리는 세상과 구별되어 하나님이 약속하신 복을 누리며 사는 것을 배운다.

또한 언약의 백성들은 약속의 땅 가나안에서 함께 거주한다. 그래서 로마서 12장 5절은 "우리 많은 사람이 그리스도 안에서 한 몸이 되어 서로 지체가 되었느니라"고 말한다. 그러므로 성도는 교회를 중심으로 하고, 각각 받은 은사대로 충성하는 청지기로서 살 때, 언약의 공동체 안에서 받은 기업을 누리며 사는 선한 모습을 보이게 된다 (벧전 4:10).

또한 땅의 약속은 언약의 백성이 장차 그리스도 안에서 완전하게 안식을 누릴 영원한 나라를 예표한다(히 9:15). 그래서 아브라함은 약속의 땅 가나안에 살면서도 더 나은 본향, 곧 하늘의 영원세계를 사모하며 살았다. 그 땅에서 살되 나그네가 잠시 머물듯이 살았다.

아담이 첫 언약 때에 범한 죄를 속해 주시기 위해서 하나님이 약속하신 여인의 후손을, 그는 약속의 땅에서 기다리며 살았다. 현재 그가 살고 있는 가나안 땅은 영원한 기업에 대한 약속, 장차 그가 가게 될 영원세계를 상징하는 것임을 알았다.

아브라함의 이런 믿음의 행위는 하나님의 구원언약이 이루어질 때까지, 자신의 후손들도 그 약속의 땅에 머물며 살 것을 확신했기 때문이다. 그래서 아브라함은 가나안 땅에 있는 막벨라굴을 돈으로 산후 거기에 묻힌다. 비록 아브라함이 만져 본 언약의 내용은 희미한 그림자 같았지만, 그의 믿음은 확실하고 충만했기에 보지 못 하는 것들의 증거가 되었다(히 11:1).

우리도 마찬가지로 동일한 믿음 안에서 아브라함을 조상으로 하고, 동일한 약속의 기업을 이 땅에서 뿐만 아니라 장차 도래할 영원 세계에서도 누리도록 보장받았다는 것을 기억하자.

많은 자손의 약속

> 하늘을 우러러 뭇별을 셀 수 있나 보라…네 자손이 이와 같으리라.
>
> ＿＿＿ 창 15:5

많은 자손에 대한 약속은 창세기 1장 28절에 근거를 둔다. 아담에게 명령의 형태로 주어진 "생육하고 번성하여 땅에 충만하라"는 복은, 노아를 거쳐 아브라함에게서 다시 재확인된다. 또한 아브라함의 혈통적 자손의 번성뿐만 아니라, 죄를 지은 사람에게 구세주를 약속하신 하나님의 언약(창 3:15)이 실제로 이루어지고 있다는 것을 확인시켜 주신다. 이로써 사람의 범죄와 상관없이 하나님의 창조명령은 그대로 수행되고 있음을 보여 주신다.

아브라함의 자손이 태어날 때마다, 아브라함의 믿음은 그 자손들에게 계승되고, 그들로 인해서 땅의 수많은 사람들이 하나님의 언약을 듣고 믿게 된다. 그러므로 아브라함에게 약속된 자녀는 육신의 혈통을 넘어 그리스도를 믿는 믿음 안에서 영적으로 낳을 자녀도 포함한다. 그래서 아브라함은 큰 복을 받은 사람이다.

이렇듯이 우리는 하나님의 언약 안에서 믿음으로 아브라함의 자손이 되었다. 그래서 이제는 우리가 자녀를 낳고 낳아서, 하나님을 믿고 믿어서 그 수가 하늘의 별과 같이, 바다의 모래 같이 많게 된다.

하나님은 먼저 아브라함에게 구원의 복음을 전하셨다. 그리고 모든 이방인(혈통적으로 아브라함의 자손이 아닌 자)은 아브라함에게서 그 복음을 듣고 아브라함과 함께 복을 받게 하셨다(갈 3:8-9). 육체의 조상에게서 헛된 행실을 물려받은(벧전 1:18) 우리는 믿음의 조상 아브라함에게서 보화와 같은 구원의 믿음을 언약 안에서 물려받았다.

그래서 이 약속의 의미를 깨달은 아브라함은 하나님이 명령하신 대로 할례를 행하고 자손들에게 언약의 내용을 가르쳐 행하게 한다. 이 땅에서 비록 세상 사람들과 섞여 살지만 할례를 통해서 하나님의 구별된 언약 백성의 정체성을 표시한다.

아브라함은 육신의 자녀를 낳되 믿음으로 양육하고 자손들에게 하나님의 언약을 믿는 신앙을 계승시킴으로써 이방인에 이르기까지 약속대로 수많은 자손을 얻는다. 그래서 성경은 아브라함을 "열국의 아비"(창 17:5)라고 한다.

씨의 약속

네 씨로 말미암아 천하 만민이 복을 받으리니. ＿＿＿＿ 창 22:18

하나님은 아브라함에게 자손을 약속하시면서 한 씨를 주겠다고 약속하신다. 그래서 창세기 3장 15절에서 하나님이 아담에게 하신 여인의 후손(씨)에 대한 약속은 아브라함에게 주신 씨의 약속을 통해서 구체적으로 확증된다. 하나님이 선택하여 부르신 아브라함에게서 날 '씨'(후손)가 곧 오래 전 약속하신 여인의 후손이라는 것이다.

이로써 아브라함이 열국의 아비가 된다는 것은, 그가 열국 백성을 모으기 위해서 여러 나라를 다니며 무언가를 하였다는 뜻이 아님을 알 수 있다. 아브라함은 단지 아들 이삭을 낳고 기르다가 가나안 땅에서 죽었을 뿐이다.

따라서 씨의 약속은 아브라함에게서 나올 한 '씨'가 메시아로 오시어 열국의 백성이 구원을 받을 것이라는 약속이다. 창세기 12장 3절에서 땅의 모든 족속이 그로 말미암아 복을 얻을 것이라고 하신 이유가 여기에 있다.

자손을 약속받은 아브라함은 이 약속이 혈통적 자손의 번성을 넘어서, 세상을 구원하는 하나님의 섭리라는 것을 믿음으로 알게 된다. 하나님이 창세기 3장 15절에서 아담에게 약속하신 메시아를 믿고 기다리는 신앙이 아브라함에게도 있었기 때문이다.

예수님도 "너희 조상 아브라함은 나의 때 볼 것을 즐거워하다가 보고 기뻐하였느니라"(요 8:56)고 하셨다. 아브라함은 메시아의 약속을 당장 볼 수는 없었지만, 반드시 되어질 일이라는 것을 믿음의 눈으로 미리 보며 즐거워하였다.

사도 바울도 이를 증거한다. 갈라디아 사람들에게 성령이 임하는 사건을 보고, 이는 아브라함의 복이 그리스도 예수 안에서 이방인에게 미친 것이라고 말한다(갈 3:14). 그러면서 땅의 모든 족속이 아브라함으로 인하여 복을 얻을 것이라는 언약(창 12:3)이 실제로 성취되었음을 알린다.

지나간 역사 속에서 실제로 실현된 하나님의 언약은 오늘날 그리스도 안에서 부르심을 받은 우리에게도 동일하게 적용된다. 그래서 아브라함이 부른 영생하시는 하나님의 이름을 우리도 날마다 새 노래로 만들어 하나님께 올릴 찬양으로 부르는 것이다.

하나님이 나의 귀를 통해 들려 주신 아브라함의 씨로 오신 메시아, 그 예수님이 나의 구주시니, 우리가 감사로 즐거워하며 노래하지 않을 수 없다.

1 하나님(갑)이 나(을)에게 주신 수위계약의 특혜를 누리자

세상에는 좋은 조건의 사람들이 얼마나 많은가? 그런데 하나님
은 입찰공고도 내지 않으시고 그냥 나를 선택하셔서 나와 계약
을 맺으셨다. 이 계약은 전적으로 '갑'이 주관하여 진행된다. 그
리고 '을'은 책정된 내용을 그냥 얻게 된다. 특혜다.

절대주권의 하나님이 사랑하는 자기 백성에게 일방적으로 베푸
시는 수위계약의 특혜를 누리는 방법은 '갑'을 신뢰하며 '을'의
행사를 '갑'에게 맡기는 것이다.

2 우리 집에도 에셀나무를 심자

가정에는 가훈이라는 것이 있다. 가훈은 인생을 살아가는 데 있
어서 도덕적 윤리적 가치의 기준으로 삼을 가르침을 정하여 자
손들에게 물려 주는 정신적 유산이다.

자녀들에게 대대로 물려 줄 신앙의 유산으로서 우리가 심을 에셀나무를 만들자. 우리 가정에 베푸신 하나님의 은혜를 기억나게 하는 그 나무를 자녀들과 함께 심자. 성경 말씀으로 우리 가정을 상징하는 심볼마크인 에셀나무를 심자.

3 마음의 할례로 크리스천의 정체성을 지키자

구약의 할례는 이방인과 자신을 구별시키는 언약 백성의 상징이었다. 오직 하나님만을 경외하며 하나님의 명령을 준행하는 언약의 공동체 안에서 살 수 있게 하는 가시적 표징이었다.

우리는 예수 그리스도 안에서 손으로 행하지 않은 영적 할례(신 30:6; 골 2:11)를 마음에 새긴 크리스천들이다. 하나님의 말씀으로 굳은 마음의 껍질을 벗기어(신 10:16) 순종하는 부드러운 심령의 소유자가 되자. 회개와 정결과 겸비로 마음에 할례를 하자.

CHAPTER 9

언약을 기다리는
인간의 연약함

점점 남방으로 내려가는 아브라함

> 그가 그 곳에서 여호와께 제단을 쌓고 여호와의 이름을 부르더니 점점 남방
> 으로 옮겨갔더라. _____ 창 12:8-9

하나님이 언약을 주권적으로 반드시 실행하시는데도 불구하고, 그 언약을 기다리는 인간은 한없이 연약하여 불안해하고 낙심한다. '믿음의 조상'이라고 하는 아브라함도 그러했다.

아브라함은 하나님의 부르심을 받고 하란을 떠나 가나안 땅으로 들어간다. 그리고 세겜 땅 모레 상수리나무 아래 거하였을 때, 하나님은 아브라함에게 다시 나타나셔서 땅과 함께 자손을 주실 것이라는 구체적인 약속을 하신다.

벧엘 동편에 장막을 친 아브라함은 단을 쌓고 여호와의 이름을 부른다. 갈 바를 알지는 못 했으나 믿음이 있었기에 살 던 곳을 떠났던 그의 신앙은 이제 하나님께 예배를 드리는 모습으로 더욱 성숙해진다. 그런데 참 재미있게도 창세기 12장 8절은 아브라함이 "여호와의 이름을 부르더니 점점 남방으로 내려갔더라"고 기록한다.

아브라함이 남방으로 가고 있다. 약속의 땅인 가나안의 변방으로 이동하고 있다. 지시한 곳, 약속의 땅으로 와서 하나님을 만나고 기쁨과 감사함으로 하나님께 단을 쌓고 예배를 드리며 안정된 삶을 살아가는 것 같더니, 벧엘에서 점점 멀어져 애굽으로 가는 길목인 남방으로 내려간다. 그리고 결국 하나님이 싫어 하시는 애굽으로 들어가게 된다.

하나님의 언약을 신뢰하면서 예배를 드리던 아브라함은 왜 남방으로 갔을까? 약속하신 가나안 땅에서 하나님을 만난 아브라함은 왜 그 땅을 떠나 남방으로 갔을까?

남방은 약속의 땅 가나안과 불신의 땅 애굽의 경계 지역으로, 불신앙의 세력에 지배를 받는 곳이다. 그래서 남방으로 내려갔다는 것은 어떤 이유에서든지 하나님이 지시하시지 않은 다른 곳에 관심을 두며 기웃거리는 아브라함의 영적 상태를 보여 준다. 약속의 땅에서 하나님이 주신 복을 누리며 평안하게 살던 아브라함은 하나님이 아닌 다른 것, 새로운 것을 찾아 나서는 참으로 미련한 일을 벌인다.

그렇게 남방으로 내려가던 아브라함은 어떤 일을 당하는가? 극심한 가뭄을 만난다. 그리고 그 가뭄은 아브라함이 애굽으로 들어가는 것을 당연한 것처럼 만들었다. 물론 인간적으로 보았을 때 참으로 합당한 이유였다. 먹고 살기 위해서 양식이 있는 애굽으로 갔으니 얼마나 타당한가.

그런데 일단 남방에 발을 드리게 되면, 잘못된 신앙의 현 주소를 파악하기도 어렵고, 다시 가나안 쪽으로 핸들을 돌리는 것이 쉽지 않다는 것을 아브라함은 몰랐다. 왜 그랬을까? 이미 세상의 맛을 보았기 때문이다. 그리고 "괜찮을 거야"라며 남방으로 한두 번 내딛은 발길이 결국은 하나님을 떠나는 첩경이라는 것을 아브라함은 깨닫지 못 했다.

약속의 땅의 중심인 벧엘에서 멀어졌던 아브라함의 일은 우리에게서도 일어날 수 있다. 신앙생활의 중심인 교회를 자꾸 멀리하는 일이다. 하나님과의 허니문 시기를 지나 설레임과 긴장이 점점 사라지고, 평안한 가운데 신앙생활의 연조가 깊어지면서, 우리는 타성에 젖어 시계추처럼 의미 없는 신앙생활을 할 수 있다. 그러면서 차차 예배뿐만 아니라 신앙(교회)에 관련된 일에 시간을 할애하는 것은 후순위로 밀리거나 마지못해 '해 주는' 상태가 될 수 있다.

혹시 나는 예배를 '드려 주고', 설교를 '들어 주고', 헌금을 '내 주고', 봉사를 '해 주고' 있지는 않은가? 주님을 처음 만나 감격하던 처음 사랑을 버린 것은 아닌가(계 2:4)? 만약 그렇다면 아브라함이 여호와의 이름을 부르더니 점점 남방으로 내려가고 있는 것과 같은 상태에 놓인 것이다.

공해로 그을음이 가득한 곳에서 흰 옷을 깨끗하게 유지하기란 어려운 일이다. 그런데 이미 그을음으로 더러워진 흰 옷을 다시 깨끗하게 하는 것은 더 어려운 일이다. 그래서 더러워진 흰 옷을 아예 검은 옷으로 만들어 버리려는 것이 죄의 특성이다.

"그래, 성도지만 어쩌겠어. 주일이 아니면 시험을 볼 수 없는데, 시험을 못 보면 자격증을 못 따고, 자격증이 없으면 취직을 못 하는데." 우리는 이런 갈등에 처할 때가 있다.

그리고 그때 "네가 자격증을 따지 못 하더라도 '주일을 거룩하게 지키라'는 하나님의 절대 명령을 생명같이 지킬 수 있겠느냐?"라는 하나님의 질문 앞에서 우리는 어떤 반응을 보여야 할까?

이런 의미에서 우리는 남방으로 가는 문제를 다루어야 한다. "그래, 오늘 한 번만. 이번 주일만 거르지 뭐." 아브라함이 별다른 고민 없이 약속의 땅을 등지고 애굽으로 들어가게 된 것과 같이 우리도 이런 식으로 남방을 들락날락하다 보면 결국 불신세상인 애굽으로 가게 된다. "바늘 도둑이 소 도둑 된다"는 속담이 있듯이, 우리는 성경의 가르침에서 어긋나는 것이라면 아무리 작은 것 하나라도 용납하지 않는 신앙의 원리를 지키도록 애써야 한다.

아브라함이 선택한 최선의 방법

애굽 사람이 그대를 볼 때에 이르기를 이는 그의 아내라 하여 나는 죽이고 그대는 살리리니, 원하건대 그대는 나의 누이라 하라 그러면 내가 그대로 말미암아 안전하고 내 목숨이 그대로 말미암아 보존되리라 하니라.

_____ 창 12:12-13

아브라함이 애굽으로 가게 된 현실적인 이유는 기근이었다. 그래서 그는 대책을 마련한다. 물론 인생의 문제를 해결하기 위해서 방법을 강구하는 것 자체는 나쁘지 않다. 크리스천에게도 먹고 사는 데 있어서 대책을 세워야 하는 근심이나 여러 가지 우여곡절이 생긴다. 살다 보면 가뭄도 만나고 기근도 만나게 된다.

그런데 중요한 것은 그 해결방법과 생활의 대책이 하나님의 신실하심을 신뢰하면서 하나님이 기뻐하시는 방법으로 세운 것이냐, 아니면 하나님이 기뻐하시지 않는 방법으로 세운 것이냐 이다.

결과적으로 보았을 때 기근의 문제에 대한 아브라함의 해결방법은 잘못된 것임을 알 수 있다. 가뭄과 기근 때문에 먹을 것을 얻으러 애굽으로 가는 상황을 단순히 생각하면 "그게 뭐 그렇게 잘못됐나? 그럼 굶어 죽으란 말인가?"라고 할 수도 있다. 하지만 아브라함의 방법은 하나님이 기뻐하시지 않는 대책이었다고 성경은 가르쳐 준다.

약속의 땅에서 멀어져 남방으로 간 아브라함은 당연히 언약의 말씀에서 멀어질 수밖에 없었다. 단을 쌓고 여호와의 이름을 부르는 신앙도 점점 저버리게 되었다. 결국 예배가 없어지고 경건이 희미해진 생활에 젖어서 하나님의 말씀을 자기 생각에 옳은 대로 적용하는, 무늬만 언약의 백성, 이름만 크리스천인 모습을 보이게 된다.

기근 문제를 해결하는 데에 애굽으로 들어가는 것이 현실적으로 최선의 방법이라서 아브라함이 그 길을 선택했다고 가정해 보자. 아니면, 이것이 하나님이 기뻐하시는 해결책인 줄 잘못 알고 결정했다고 가정해 보자. 여기까지는 어떤 방법이 하나님이 기뻐하시는 것인지 모를 수도 있기 때문이다.

그런데 애굽으로 가자마자 아브라함은 사랑하는 아내 사라의 미모 때문에 자신의 생명이 위협을 당할 것이라는 불안에 휩싸인다. 그래서 아내를 누이라고 속이는 치졸한 짓을 하고 급기야는 바로에게 아내를 줘버리는 일을 벌인다.

미련과 연약을 깨닫게 하시는 하나님의 섭리

여기서 아브라함은 정신을 차렸어야 한다. "나한테 왜 이런 일이 생겼지? 왜 내가 생명의 위협을 느끼고, 사랑하는 아내를 바로에게 넘겨 주는 수치를 당해야 하는 거지?"라는 질문을 통해 문제의 실마리를 찾았어야 한다. 아니, 그 전에 남방에서 가뭄으로 기근이 들었을 때 깨달았어야 한다.

그러나 그때 아브라함은 깨닫지 못 했고 오히려 또 다른 미련으로 이미 저지른 잘못을 덮으며 합리화시켰다. 그래서 아내를 누이라 속였고, 이 미련 때문에 아내를 재물과 바꾸는 지경에까지 이른다.

그렇다면 애굽 사람에게서 생명의 위협을 느꼈을 때 아브라함은 어떻게 했어야 할까? 남방에서 기근이 들었을 때 아브라함은 어떻게 했어야 할까? 당연히 여호와 하나님의 언약을 기억하며, 가나안을 떠난 잘못을 시인하고, 회개하고, 하나님의 신실하심이 자비를 베푸실 것을 간구했어야 한다.

남방에서 당한 기근의 사건은 언약을 기억하고 약속의 땅으로 돌아가라는 하나님의 부르심이었다. 그리고 바로에게 아내를 빼앗긴 일은 죄를 자복하고 회개하라는 하나님의 경고였다. "아브라함아, 그렇게 하면 안 된다"라고 하시며, 사랑의 하나님이 주시는 근심과 환난의 의미를 아브라함은 민감하게 깨닫지 못 하였다.

이처럼 하나님의 뜻대로 하는 근심을 당할 때, 우리는 후회할 것이 없는 구원에 이르게 하시는 하나님의 섭리를 깨달아야 한다. 그리고 온전한 구원을 위하여, 우리가 행한 연약과 허물과 미련을 회개하고 하나님을 기쁘시게 하는 것이, 약속하여 주신 복을 누리는 길임을 알아야 한다(고후 7:10).

약속의 땅 가나안을 떠나 점점 남방으로 옮겨가면서 아브라함의 경건도 점점 약해졌고, 기근이라는 현실 앞에서 쉽게 무너질 수밖에 없을 정도로 신앙도 퇴색되었다. 그래서 가뭄이라는 현실 때문에 애굽으로 들어갈 수밖에 없다고 판단하게 만든 그 가뭄도 객관적으로 보았을 때는 그렇게 심각한 가뭄이 아니었을 수도 있다.

우리의 삶도 마찬가지다. "예배고 성경 공부고 뭐고, 지금 그럴 상황이 아니에요. 지금 제 상황이 너무 심각해서 신앙생활을 할 처지가 아니라고요." 하지만 다른 사람이 객관적으로 보았을 때는 그렇게 심각한 상황이 아닐 수도 있다. 왜 이렇게 오판을 하게 되는 것일까? 왜 겁을 먹고 상황에 지배되는 것일까?

나의 영적 주소가 이미 남방에 발을 깊이 들여놓고 있기 때문이다. 그래서 우리는 거창한 일뿐만이 아니라 작은 일에서도 늘 말씀으로 비추어 조심하며 삼가해야 한다. 평안하고 형통할수록 더욱 그렇게 해야 한다.

그래서 주님은 "잘 하였도다. 큰 일에 충성한 종아"라고 하지 않으시고 "잘 하였도다 착하고 충성된 종아 네가 적은 일에 충성하였도다"(마 25:23)라고 칭찬하시며 주님의 즐거움에 참여하게 하신다.

우리는 약속의 땅에 거하면서도 남방을 드나드는 것과 같은 생활을 해서는 안 된다. "이건 문제 삼지 않아도 돼, 상황이 어쩔 수 없으니까. 하나님의 말씀이 뭐라고 하는지는 다 알아. 다 아는데, 그건 그거고, 말씀과 현실은 달라"가 아니다.

우리는 하나님의 말씀에 지배받으며, 철저하게 경건의 삶을 살도록 애써야 한다. 그렇지 않으며 연약한 중에, 미련한 중에 우리는 쉽게 애굽으로 가기 때문이다. 말씀으로 우리의 생각과 삶을 달아 보아 부족한지 넘치는지, 재어 보아 짧은지 긴지를 늘 점검해야 한다. 그것이 경건의 삶이다.

그런데 하나님의 말씀을 지키는 것이 부담스럽게 느껴질 때가 있다. 왜 그럴까? 실제로 하나님의 말씀과 명령은 우리에게 부담을 주기 위해서 만들어진 것이기 때문일까? 절대로 아니다. 만약 그렇게 생각한다면 이는 하나님이 어떤 분이신지를 제대로 알지 못 하기 때문이다.

오물이 잔뜩 묻은 옷을 벗지 않고 입은 채로 빨아서 깨끗이 하려고 한다면 힘만 들고 효과도 없을 것이다. 더러워진 옷을 깨끗이 하기 위해서는 그 옷을 벗어서 빨아야 한다. 하지만 우리는 종종 더러운 옷을 벗기 싫다며 붙잡고 낑낑댈 때가 많다. 하나님의 말씀을 지키는 것을 부담스러워하며 회피하려는 모습이 바로 이런 모습일 것이다. 이는 모두 하나님이 어떤 분이신지 제대로 알지 못하고 그분을 신뢰하지 못하는 데에서 비롯된다.

우리는 어려움에 봉착했을 때 내가 어디서부터 실족했는지 생각하고 회개하며 처음 행위를 가져야 한다. 그때 우리는 주님께 받았던 처음 사랑을 회복할 수 있게 된다(계 2:4-5).

우리를 향한 하나님의 사랑이 얼마나 자비롭고, 그 약속의 말씀이 얼마나 신실한가를 맛보자. 그럴 때 우리는 하나님의 말씀을 지키는 것이 부담스럽지 않게 된다. 하나님을 제대로 알고, 그분을 경외할 때 그분의 말씀은 부담이 아닌 우리의 즐거움이 된다.

> 할렐루야, 여호와를 경외하며 그의 계명을 크게 즐거워하는 자는 복이 있도다.
>
> _____ 시편 112:1

1 남방으로 가지 말자

완전히 신앙을 저버리는 것도 아니고 신앙의 모습은 여전히 지키면서도, 우리는 꾸준히 남방을 드나들 수 있다. 그리고 남방을 자꾸 드나들다 보면 애굽으로 가는 길이 쉬어진다.

말씀과 교회 중심의 생활을 부담스러워 하며, 대부분의 시간과 물질과 마음과 친교를 불신세상의 것으로 채우는 생활이 남방으로 가는 것이다.

우리의 몸과 마음은 자주 경험하여 익숙한 것에 지배받는 경향이 있다. 하던 대로, 습관 대로 살려는 경향이 있다. 그러므로 삶의 우선 순위를 신앙 중심으로 정하여서 약속의 땅에 거하자.

2 가나안으로 핸들을 돌리자

지금 남방에 있다면 얼른 핸들을 가나안으로, 신앙 중심의 생활로 돌리자. 남방에서 당한 가뭄은 가나안으로 돌아오라는 하나님의 부르심이다.

너무 멀리 애굽까지 가서 많이 매맞지 말고 속히 가나안으로 핸들을 돌리자. 후회할 것이 없는 구원을 이루도록 회개하는(고후 7:10) 심령으로 남방에서 나오자.

3 말씀의 자와 저울을 늘 사용하자

이 세상을 사는 동안 여전히 연약과 부족과 미련과 허물 속에 사는 우리는 여기가 가나안인지 남방인지 애굽인지 분별을 못할 때가 있다.

우리의 현 위치를 측량하는 도구는 오직 말씀이다. 늘 우리의 생각과 말과 생활을 말씀의 자로 재어 보고, 말씀의 저울로 달아 보자. 측량의 기준은 "하나님이 기뻐하시는 모습인가?"이다.

CHAPTER 10

형통하면
하나님이 기뻐하신다는
증거인가?

형통 ≠ 축복

애굽에 들어간 아브라함은 자신의 안전을 위해 아내를 누이라고 속인다. 이것을 모르는 애굽 왕 바로는 사라를 궁으로 데려가고, 그 대가로 아브라함에게 큰 재물을 준다.

세상적으로 생각해 보면 자신의 안전을 위해서 아내를 버린 아브라함에게 오히려 잘 된 일일 수도 있다. 누이를 왕에게 바쳤으니, 애굽 왕이 자신의 처남이 되는 것이다. 그리고 왕의 처남인 아브라함에게는 많은 금은보화와 권세가 베풀어질 것이다. 어쩌면 애굽의 여러 미인을 아내로 맞아들여서 많은 자손을 얻을 수도 있다.

만약 아브라함에게 이런 일이 실제로 벌어졌다면, 그것은 과연 복이었을까? 아니다. 하나님이 지시하신 약속의 땅을 떠나 있는 아브라함에게 벌어진 저주가 될 것이다. 왜냐하면 '형통'이 곧 '축복'은 아니기 때문이다.

아무리 값진 형통이라도 이것이 애굽에서의 형통이라면, 이는 축복이 아닌 저주일 수 있다. 그와 반대로 비록 가뭄과 기근을 당할지라도 하나님이 약속하신 곳 가나안에서의 기근이라면, 이는 궁극적으로 축복이다. 따라서 애굽에서 아브라함이 당한 사건을 통해 우리는 영적 분별력을 가지고 세상을 살아가는 길을 배워야 한다.

은혜라는 모습으로 임하는 하나님의 절대주권

여호와께서 아브람의 아내 사래의 일로 바로와 그 집에 큰 재앙을 내리신지
라.   _____ 창 12:17

이때 하나님의 주권적인 은혜가 나타난다. 그런데 이상하다. 하나님은 아내를 버리고 그 대가로 큰 재물을 얻은 아브라함을 야단치시

는 것이 아니라, 엉뚱하게도 바로에게 나타나셔서 바로를 야단치시고 큰 재앙을 내리신다. 바로는 참 억울하다. 한 나라의 왕이 처녀를 궁으로 데려와 취했는데 그게 무슨 잘못이란 말인가? 하지만 억울해도 할 수 없다. 하나님의 관심은 언제나 사랑하는 자기 백성편이기 때문이다.

그렇다. 이것이 자기 백성을 향한 하나님의 변함없고 신실한 사랑이다. 하나님의 그 사랑이 얼마나 죄인의 허물을 긍휼히 여기시고 자비를 베풀고 계시는가를 보여 주는 사건이다.

이제 하나님의 은혜는 아브라함을 애굽에서 나오게 하시는데, 그냥 나오는 것이 아니다. 애굽 왕 바로에게 있던 재물과 노비와 약대까지 다 실어가지고 나오게 하신다. 게다가 아브라함에게는 아무런 잘못도 문책하지 않으신다. 그런데 아브라함은 이 모든 상황이 정리될 동안 아무것도 한 것이 없다. 그냥 강 건너 불구경하듯이, 한 편의 영화를 보듯이 있다.

하나님은 왜 이렇게 하셨을까? 만약 아브라함을 야단치셨는데 성경이 기록하지 않고 생략했다면 왜 그런 것일까? 아브라함을 사랑하시기 때문에, 선택하신 자녀이기 때문에도 물론 그렇게 하셨다. 그러나 더 우선되는 이유가 있다. 아브라함의 한 씨(후손)를 통해서 창세기 3장 15절에서 약속하신 여인의 후손 메시아가 오셔야 하기 때문이다.

아브라함의 허물을 이유로 하나님은 그와 맺으신 약속을 취소하지 않으신다. 다시 말해 아브라함을 통해서 큰 민족이 나게 하시겠다는 언약을 반드시 이루어 가시는 하나님의 신실함을 드러내신다. 비록 바로에게는 억울한 일이지만 아브라함의 아내가 애굽 왕 바로의 아내가 되어서는 안 되기 때문에 그렇게 하신다.

이처럼 하나님의 절대주권은 선택 받은 언약의 백성에게 언제나 은혜라는 모습으로 임한다. 표현이 조금 어색하겠지만, 이 절대주권 앞에서 우리는 "은혜 받는 일을 강제로 당하고 사는 복"을 누리는 것이다. 애굽에서의 아브라함처럼 말이다.

성도의 형통과 부요함

우리는 여기서 성도의 형통과 부요함에 대하여 다시 한 번 생각해 볼 필요가 있다. 일반적으로 돈이라면 많은 것, 몸이라면 건강한 것, 아파트라면 평수가 큰 것, 학교라면 일류대학에 가는 것, 명예라면 직장에서 가장 높은 자리에 오르는 것이 '좋은 것'이라고 생각한다.

이런 것들은 우리가 살아가면서 노력과 수고의 결과로 얻게 된다. 그리고 하나님이 도와주셔서 얻은 축복이라 말할 수 있다. 그러나 때로는 하나님을 기쁘시게 하는 경건한 삶이 없는 상태에서도 우리가 이런 '좋은 것'들을 얻으며 삶이 형통해지고 부요하게 될 수 있다.

우리가 누리는 형통과 부요의 궁극적인 이유는 무엇일까? 우리는 먼저 하나님이 우리에게 허락하시는 모든 것에는 이유가 있다는 것을 알아야 한다. 그리고 하나님이 나를 통해서 하실 일들이 있기 때문에 나에게 형통과 부요를 허락하신다는 것을 볼 줄 아는 안목을 가져야 한다.

다시 말해서 우리가 받는 형통 중에는 우리의 행위가 하나님 앞에 합당하기 때문에 주시는 축복이 아닌 경우도 있다는 말이다. 애굽에서 아브라함이 많은 재물과 노비를 얻은 것이, 경건한 삶의 결과로 하나님이 주신 복이 아니었던 것처럼 말이다. 그러므로 평안과 형통과 부요함을 누린다고 해서 우리의 마음과 행위가 하나님이 보시기에 합당한 것이라고 평가할 수는 없다.

아브라함은 자신이 애굽에서 안전하게 거하기 위하여 아내를 누이라고 속인 행위로 얻은 평안과 형통을 어색하게 받아들였어야만 한다. 자신의 불신앙과 허물을 묻지 않으시고 일방적으로 은혜를 베푸시며 뜻을 이루어 가시는 하나님 앞에 자복하며 겸손한 마음으로 나아갔어야 한다. 비록 애굽에서 재물을 얻고 평안하게 돌아왔을지라도 하나님을 신뢰하지 않고 불순종한 잘못을 회개했어야만 한다.

그런데 아브라함은 이것을 놓친다. 그래서 그는 동일한 잘못을 또 저지른다. 또 다시 남방으로 이사를 하고, 또 다시 그랄 왕 아비멜렉에게 자기 아내를 누이라고 속이고 다른 사람에게 넘겨 준다. 하나님을 믿는 언약의 백성이란 이름으로 수치를 자처한다(창 20:10-11).

이것은 애굽에서 얻게 된 재물과 형통함의 진정한 의미가 무엇인지 아브라함이 깨닫지 못 했다는 증거다. 이 문제를 말씀의 잣대를 가지고 제대로 해결하지 못 했기 때문이다.

그리고 아브라함이 해결하지 못 한 채 질질 끌고 다니던 경건하지 못 한 모습은 아들 이삭에게도 영향을 미친다. 그의 아들 이삭도 아버지가 행한 그대로 자신의 안전을 위하여 아내 리브가를 누이라고 속인다(창 26:7). 언약의 가정 안에서 대를 이어 벌어진 수치스런 일들이다.

약속의 땅을 떠나 하나님이 지시하지 않은 애굽으로 간 것과 생명의 안전을 위해 아내를 누이라 속인 행위들을 하나님이 직접 경책하지 않으셨다고 해서 그것을 하나님이 용납하신 것은 아니다. 많은 재물을 허락하시고 평안한 가운데 형통케 해 주셨다고 해서 하나님이 기뻐하실 만한 일을 한 것도 아니다.

우리는 하나님이 베푸시는 은혜 안에서 누리는 모든 것 중에서, 형통과 부요와 평안의 의미를 제대로 깨달아야 한다. 우리가 의롭다는 이유에서가 아니라, 하나님이 하실 일을 위하여 필요한 것을 우리에게 허락하실 때가 있기 때문이다. 그러므로 우리는 모든 형통을 오직 겸손과 감사와 경건함으로 받아야 한다.

성도의 환난

아브라함에게 가축과 은과 금이 풍부하였더라…벧엘에 이르며…거기서 여
호와의 이름을 불렀더라. 아브라함의 일행 롯도 양과 소와 장막이 있으므로
그 땅이 동거하기에 넉넉하지 못하였으니 이는 그들의 소유가 많아서 동거
할 수 없었음이니라. 그러므로 아브라함의 가축의 목자와 롯의 가축의 목자
가 서로 다투는 지라…아브라함이 롯에게 이르되 우리는 한 친족이라…다투
게 하지 말자…나를 떠나가라 네가 좌하면 나는 우하고 네가 우하면 나는 좌
하리라.   _____ 창 13:2-9

  다른 한 편으로 형통과 반대되는 상황에 대한 문제를 생각해 보자.
우리는 하나님의 강권적인 은혜를 받으며 산다. 그러므로 절대주권
의 하나님이 이루어 가시는 구속사적인 관점을 가지고 자신과 세상
을 볼 수 있어야 한다.

  살다 보면 세상의 가치관으로는 위로를 받을 수 없고, 이유를 알
수 없는 상황에 처할 때가 있다. 이러한 환난과 가난과 질병을 당할
때 우리는 어떻게 감당해야 할까? 이때 우리는 하나님이 공급하시는
은혜를 따라 믿음의 가치관으로 나의 상황을 볼 수 있어야 한다. 그
리고 영적 안목을 발휘하는 찬스로 삼아야 한다.

  창세기 13장에서 아브라함은 하나님의 뜻대로 하는 근심에 처한

다. 부르심을 받고 갈대아 우르에서부터 데리고 온 조카 롯의 권속들과 다툼이 일어난다. 그것도 약속의 땅에서 소유가 풍부해져 부자가 된 것 때문에 조카 롯과 그 땅에 함께 거하는 것이 불편해진다.

이때가 바로 아브라함이 믿음으로 영적 안목을 발휘할 때이다. 그래서 아브라함은 조카 롯에게 먼저 거주할 땅을 선택할 수 있도록 선택의 우선권을 양보한다.

믿음으로 아브라함은 약속의 땅으로 인한 근심을 자신의 경건한 삶의 계기로 삼는다. 이 근심을 계기로 하나님의 언약에 대한 믿음이 없는 롯은 가나안의 변방 소돔 땅을 택하여 이사를 간다. 그러나 믿음으로 근심을 해결한 아브라함은 헤브론에서 경건한 언약의 가정으로 구별되는 복을 받는다(창 13:18).

우리는 이처럼 하나님의 은혜 안에서 하나님의 뜻대로 하는 근심에 거할 때가 있다. 이 근심은 우리를 교만함에서 내려오게 하고, 나태함에서 간절함으로 옮겨놓는다. 그리고 우리를 경건하게 만드는 기폭제가 된다.

그래서 사도 바울은 하나님의 은혜를 헛되이 받지 않는 자는 "근심하는 자 같으나 항상 기뻐하고 가난한 자 같으나 많은 사람을 부요하게 하고 아무 것도 없는 자 같으나 모든 것을 가진 자로다"라고 말한다(고후 6:10).

나의 미련이 언약의 공동체에 미치는 영향

아브람의 아내 사래는 출산하지 못하였고 그에게 한 여종이 있으니 애굽 사람이요 이름이 하갈이라. 사래가 아브람에게 이르되 여호와께서 내 출산을 허락하지 아니하셨으니 원하건대 내 여종에게 들어가라 내가 혹 그로 말미암아 자녀를 얻을까 하노라 하매 아브람이 사래의 말을 들으니라.

_____ 창 16:1-2

아브라함이 애굽에서 가나안으로 돌아온다. 이제부터 아브라함은 정말로 연약과 미련에 빠지지 말고 살아야 한다. 그런데 그가 이번에는 언약의 내용을 자기 맘대로 해석하여 적용하기 시작한다.

"하나님이 언약의 자손을 주신다는 사실을 나는 확실히 믿어. 아멘! 그런데 경수도 끊어진 늙은 아내에게서 아이를 낳을 수는 없지 않은가? 하지만 분명히 자손을 주신다고 했고, 아내 사라도 여종 하갈을 첩으로 들여 자녀를 얻으라는 걸 보니, 다른 여자를 통해서 자손을 주시겠다는 건가 보다!"

현실적으로 그리고 인간적인 눈으로 보면 얼마나 자손에 대한 하나님의 약속이 이루어질 것을 믿는 확고한 신앙인가? 그런데 아니다. 아브라함은 자손에 대한 언약을 잘못 해석하고 이해했기 때문에 애굽 여인 하갈을 첩으로 들였고, 그 결과 이스마엘이 출생하게 된다

(창 16:15). 하나님의 약속을 믿되 하나님의 방법대로가 아닌 인간적인 방법으로 이루려 한 것의 결과였다.

하나님이 아브라함을 약속의 땅으로 옮기신 것은 하나님을 신뢰하며 세상과 구별된 언약 백성의 삶을 살라는 것이었다. 그런데 지금 아브라함은 애굽인 여종의 몸을 통해 자녀를 얻음으로 불신세상의 풍습을 따라가 버렸다.

하나님이 인정한 언약의 가정은 아브라함과 그 아내 사라가 중심이다(창 17:16). 그래서 하나님은 애굽 왕 바로에게서 사라를 구출해 내셨고, 그랄 왕 아비멜렉에게서도 빼내어 사라의 태를 보존하신 것이다. 그러므로 아내 사라가 남편에게 첩을 들여서라도 자녀를 얻으라고 제안했을 때, 아브라함은 분명하게 반대하고 하나님의 때를 기다렸어야 한다. 그런데 정작 아브라함은 이를 분별하지 못 했다.

우리는 하나님의 말씀을 반복해서 읽고 배우면서 그 뜻을 제대로 깨달아야 한다. 그렇지 않으면 우리의 감성적 욕구가 충족되는 부분에만 집중하게 되어서 균형 있는 신앙의 정서를 잃게 된다.

성경 말씀을 배우고 익히지 않으면서 말로만 "나는 크리스천입니다"라고 한다면 우리는 육신의 정욕과 안목의 정욕과 이생의 자랑에 의해 지배받게 된다. 그리고 하나님이 원하시는 궁극적인 목적을 이해하지 못 한 채 그릇된 말씀의 적용으로 실수와 오류를 범하게 되고, 그 결과 하나님의 말씀을 우리의 현실을 해결하기 위한 수단으로 전락시켜버리게 된다.

아브라함도 이런 실수를 범한다. 자손을 주신다는 언약의 말씀을 자신이 늙으막에라도 자녀를 얻을 수 있는 수단으로 사용한 것이다. 하나님의 말씀은 우리 삶의 수단이 아닌 목적이 되어야 한다.

아브라함은 육신의 나이가 비록 늙었을 지라도 언약의 성취를 위해서 자신과 사라를 통하여 믿음의 자손이 태어날 것을 간절히 간구했어야 한다. 언약의 확증을 받았음에도 불구하고 자식을 갖지 못 하는 그들의 곤경을 하나님께 아뢰었어야 한다. 의심과 낙심이 아닌 확신을 가지고 간절한 마음으로 약속의 자녀를 기다리는 기도와 간구가 날마다 있었어야 한다.

살아계신 하나님은 자기 백성의 곤경을 아시기에 그들이 부르짖는 소리에 귀 기울이며 들으신다. 하나님은 사라의 학대를 받고 광야로 도망간 하갈의 부르짖음을 들으시고, 그 아들의 이름을 이스마엘이라 지어 주시며 하나님이 고통의 소리를 들으시는 분임을 알려 주신다(창 16:6-14). 그런데 하물며 아브라함과 사라를 통한 언약의 가정이 하나님께 부르짖는 간구를 어찌 듣지 않으시겠는가?

하나님은 우리가 죄를 뉘우칠 때, 용서하시고 그리스도 안에서 죄로부터 자유함을 얻게 하신다. 그러나 큰 죄든, 연약 때문에 지은 사소한 실수든, 인간관계 속에서 서로의 불신앙과 미련 때문에 일어난 잘못이든, 우리의 행위가 만들어 낸 결과물은 우리가 감당하게 하신다. 우리는 이를 이스마엘의 출생을 통해서 배워야 한다.

아브라함과 사라가 하나님의 언약 말씀을 잘못 적용한 결과 출생한 자녀인 이스마엘 때문에 지금까지도 어떤 일이 일어나고 있는가? 중동지역의 끝없는 싸움이다(창 16:12). 그때로부터 지금까지 이삭의 자손과 이스마엘의 자손이 얼마나 싸우고 있는가?

그런데 정작 이 일의 발단이 된 아브라함과 사라는 이미 오래 전 사람이 되었다. 현재 두 사람은 갈등과 분쟁의 현장에 더 이상 살지 않는다. 그러나 그 고통은 여전히 아브라함의 후손들이 받고 있다.

한 성도가 하나님 앞에서 잘못을 저지르고 회개하여서 그 죄를 용서받는다 하더라도, 그것으로 인해 발생한 결과는 당사자뿐만 아니라 언약의 공동체 전체가 받을 수 있다는 교훈이다. 이것이 성경이 가르쳐 주는 언약 공동체의 유기적이며 역동적인 관계성이다.

하나님의 언약을 믿는 언약의 공동체 안에서 나의 언행은 개인의 문제로 끝나지 않는다는 것을 기억하고 신중하게 행동해야 한다. 나의 어떤 잘못 때문에 일어난 죄의 결과를 당대에 내가 당하지는 않는다 하더라도, 아브라함의 잘못으로 지금까지 그의 후손들이 고통을 당하고 있는 것과 같은 일이 벌어질 수 있다.

혹시 나의 미련과 연약 때문에 언약의 공동체(교회)가 당하고 있는 나쁜 일은 없는지 생각해 보며, 우리의 언행을 잘 점검하고 다스려야 한다.

내가 잘못하면 교회가 욕을 먹는다

여기서 말하는 언약의 공동체는 교회이다. 작게는 지교회, 크게는 우주적 교회이다. 그리고 불신세상에게 크리스천 전체가 하나의 교회이다.

한 가지 예를 들어 보자. 서울에 있는 한 교회의 담임 목사가 부정부패를 저질러서 재판을 받고 감옥살이를 한다고 가정해 보자. 이는 목사 개인이 처벌을 받는 것으로 끝나는 문제가 아니다.

이 일 때문에 하나님의 이름이 수치를 당하고, 복음이 방해를 받는 결과를 초래하게 된다. 교회에서 벌어지는 비리와 악행들로 인하여 상처를 받고 실족하여서 교회를 떠나는 사람들이 생기고, 믿지 않는 사람들의 입에서는 "나는 교회가 싫다"라는 말이 나오게 된다.

이처럼 한 사람의 크리스천이 잘못을 저지르면 모든 교회가 도매금으로 욕을 먹는 일이 벌어진다. 그래서 교회 스스로가 복음 전할 기회를 포기하는 결과를 낳게 된다. 소수가 저지른 비리와 죄 때문에 언약의 공동체인 교회 전체가 당하는 고통이다.

그리고 이것을 회복하고 씻으려면 참으로 힘들다. "세상에는 우리가 지은 잘못보다도 얼마나 더 큰 죄악이 난무하고 있습니까"라는 말로는 교회에 대한 세상 사람들의 부정적 인식을 설득시킬 수 없다. 그들은 신앙인이 아니면서도 하나님을 믿는 크리스천과 교회에게 요구하는 윤리적 내용과 도덕적 기준을 가지고 있기 때문이다. 그런데 우리가 이것을 감당할 만큼 경건하지 못 하기 때문에 교회는 세상으로부터 욕을 먹고 복음이 방해를 받게 된다. 우리 모두가 참으로 슬퍼해야 할 일이다.

느헤미야의 기도를 통해서 우리는 이러한 언약의 공동체인 교회가 갖는 유기적 관계의 특성에 대해서 깊이 묵상할 수 있다. 예루살렘 성은 훼파되고 자기 민족이 환난과 능욕을 당한다는 슬픈 소식을 들은 느헤미야는 슬피 울며 하나님 앞에 금식한다.

자신이 저지른 죄도 아닌 조상이 저지른 죄 때문에 느헤미야는 기도한다. 그리고 조상의 죄를 현장감 있게, 마치 오늘 자기가 지은 죄처럼 하나님 앞에서 회개한다. 이것이 언약의 공동체 안에 있는 우리 각자가 교회를 위해서 오늘날 할 일이다.

쉽게 말하자면 "○○교회의 저런 사람들은 다 잡아 넣어야 해!"라고 말하며 내가 지은 죄가 아니라고, 우리 교회가 지은 죄도 아니라고, 쉽게 넘어갈 수 있는 문제가 아니라는 것이다. 나와는 개인적으로 아무런 연관이 없다 할지라도 잘못을 저지른 성도와 교회를 향해서 세상 사람들과 같이 손가락질하며 욕을 하면 안 된다.

대신에 그 교회의 문제를 우리 모든 크리스천의 몫으로 생각하고 그 문제를 위해서 기도해야 한다. 하나님의 긍휼하심이 오늘날 한국 교회 위에 베풀어지고, 자비하심으로 용서를 받고, 풍성한 은혜로 인해 회개하고 개혁하는 성도들과 교회들이 되기를 갈망하며 부르짖어야 한다. 그리하여 더 이상 복음이 수치를 당하지 않도록 경건의 길을 닦아야 한다.

그 옛날 신앙의 선진인 느헤미야가 포로로 끌려간 이방의 땅에서 고국 이스라엘과 동족의 회복을 위하여 간구했던 기도가 오늘날 우리의 부르짖음이 되어야 한다.

> 내가 이 말을 듣고 앉아서 울고 수일 동안 슬퍼하며 하늘의 하나님 앞에 금식하며 기도하여 이르되, 하늘의 하나님 여호와 크고 두려우신 하나님이여 주를 사랑하고 주의 계명을 지키는 자에게 언약을 지키시며 긍휼을 베푸시는 주여 간구하나이다…우리 이스라엘 자손이 주께 범죄한 죄들을 자복하오니 주는 귀를 기울이시며 눈을 여시사 종의 기도를 들으시옵소서. 나와 내 아버지의 집이 범죄하여 주를 향하여 크게 악을 행하여 주께서 주의 종 모세에게 명령하신 계명과 율례와 규례를 지키지 아니하였나이다…주여 구하오니 귀를 기울이사 종의 기도와 주의 이름을 경외하기를 기뻐하는 종들의 기도를 들으시고 오늘 종이 형통하여 이 사람 앞에서 은혜를 입게 하옵소서.
>
> _____ 느 1:4-11

언약의 공동체인 교회는 그리스도를 머리로 하는 한 몸이다. 만약 한 지체가 잘못을 하면 모든 지체가 함께 고통을 받게 되고, 한 지체가 영광을 얻으면 모든 지체가 함께 즐거워하는 유기체이다(고전 12:26).

따라서 나의 연약으로 교회가 욕을 먹지 않도록 조심해야 할 뿐만 아니라, 다른 성도나 교회가 당하는 문제를 위해 함께 해결책을 찾고 함께 위하여 기도하는 것이 언약을 받은 하나님의 백성으로서 우리가 보여야 할 모습이다. 신앙의 선진을 따라 우리도 성숙한 모습으로 나아가자.

1 형통을 겸손의 씨앗으로 뿌리자

하나님은 우리에 관하여 후회나 취소가 없으시다. 하나님의 뜻을 위하여 우리의 부족과 허물조차도 오히려 형통함으로 채워 주시고, 자기 이름을 위하여 우리를 의의 길로 인도하시는 여호와 하나님(시 23:3)의 절대주권적 섭리 앞에서 우리는 오직 나의 나 됨을 고백하며 겸손할 수밖에 없다. 형통함의 이유는 하나님이시다. 삶의 형통함을 겸손의 씨앗으로 뿌려 축복의 삶을 소유하자.

2 근심을 경건의 기폭제로 삼자

어려움을 당하였을 때 말씀으로 자신을 돌아보지 않으면 후회와 사망을 이루는 세상 근심에 머무르게 된다. 그러나 하나님의 뜻대로 하는 근심인 것을 깨닫고, 이것을 계기로 자신을 돌아보고 회개하면 후회할 것이 없는 구원의 삶을 얻게 된다(고후 7:10).

근심을 기폭제로 삼아 이전에는 멀리했던 경건한 삶을 실천하여 하나님을 기쁘시게 하자.

3 느헤미야처럼 기도하자

교회의 비리들과 성도들의 경건하지 못 한 세속화로 인해 우리는 슬퍼하며 기도해야 한다. 교회가 받는 세상의 비난과 질책에 대하여 언약의 공동체인 우리는 모르는 척 물러서지 말고, 신앙의 연대책임을 가지고 함께 회개하며 기도해야 한다.

의인 열 명을 인하여 소돔성을 멸하지 않겠다고 말씀하신 하나님의 자비 앞에 느헤미야처럼 나아가자. 하나님의 긍휼 앞에서 성도와 교회와 나라의 죄를 자복하여 이 땅의 교회가 회복되게 하자. 회개하는 의인의 기도로 인하여 하나님은 이 나라를 평안의 길로 인도하실 것이다.

CHAPTER 11

이삭을 번제로 드린 믿음

단순한 순종이 아니다

> 그 일 후에 하나님이 아브라함을 시험하시려고 그를 부르시되 아브라함아 하시니 그가 이르되 내가 여기 있나이다. 여호와께서 이르시되 네 아들 네 사랑하는 독자 이삭을 데리고 모리아 땅으로 가서 내가 네게 일러 준 한 산 거기서 그를 번제로 드리라.
>
> _____ 창 22:1-2

하나님이 아브라함에게 오셔서 이삭을 번제로 드리라고 하신다. 그래서 아브라함은 이삭을 번제로 드린다. 하나님이 약속하신 언약의 자손인 이삭을 드린다. 참으로 어렵게 얻은 아들을 드린다. 외아들이 아니라 여러 아들 중에 하나라도 그렇지, 어떻게 번제의 제물로 아들의 생명을 바칠 수 있을까? 이상한 일이다. 하나님도 이상하고, 아무 말 않고 순종하는 아브라함도 이상하다.

이것은 단순한 순종이 아니었다. 하나님의 말씀이니까 아무 생각할 필요 없이 그냥 시키는 대로 행한 것이 아니었다. 이삭을 번제로 드린 사건은 자손에 대하여 하나님이 하신 언약의 내용과 뜻을 아브라함이 깊이 깨닫고, 확고한 믿음으로 반응하고 있음을 보여 주는 사건이었다.

'자손'이라 함을 자기 당대의 아들 하나에 머무르는 것이 아니라, 이 아들 이삭을 통해서 또 그 아들의 후손들을 통해서 낳고 낳을 때 별과 같이 많게 된다는 것으로, 그 중에 메시아가 오신다는 것으로 믿고 아브라함은 자신의 외아들 이삭의 생명을 번제물로 드린다.

자신과 맺으신 언약을 하나님이 직접 이루어지게 하실 것을 확신하기 때문에 언약을 주관하시는 하나님을 신뢰하고 있음을 보여 준다. 아브라함이 연단과 성화의 길을 걸으며 얻게 된 신앙의 꽃이 이제 활짝 핀 것이다.

하나님은 참으로 드라마틱하시다. 이삭을 번제로 드리라는 이 사건을 통해서 아브라함에게 언약을 신뢰하는 믿음이 절정에 이르러 있음을 하나님은 보시고자 하였다.

성경은 이것을 "시험하려고 부르셨다"라고 표현한다. 하나님은 이 시험을 통해서 아브라함 안에 무엇이 들어 있는지 겉으로 들춰내신다. 그래서 들춰냈더니 아브라함은 정말로 하나님이 기뻐하시는 믿음의 소유자라는 것이 확인되었다.

> 아브라함이 아침에 일찍이 일어나 나귀에 안장을 지우고 두 종과 그의 아들 이삭을 데리고 번제에 쓸 나무를 쪼개어 가지고 떠나 하나님이 자기에게 일러 주신 곳으로 가더니. _____ 창 22:3

이삭을 번제로 드리라는 말씀을 들었을 때 하나님의 명령에 대한 아브라함의 순종은 아버지로서 아들의 생명을 해칠 수 없다는 갈등과 상충되지 않았다. 그래서 아브라함은 명령대로 번제를 드리기 위해서 즉시로 떠난다.

아브라함에게 언약의 하나님에 대한 신뢰가 충만한 이 때에 하나님은 아들 이삭의 생명을 번제로 바치라는 명령을 하셨고, 이 명령에 대한 아브라함의 순종은 하나님이 기뻐하시는 모습으로 반응하여 하나님의 영광을 나타내게 된다.

그렇다면 아브라함은 어떻게 자기 아들의 생명을 번제물로 드리며 순종할 수 있었을까? 아브라함에게는 확신이 있었다. 이삭을 통하여 하나님 나라의 유업을 이어가게 하실 하나님의 약속이 확실하기 때문에 아들의 생명을 바친다 하더라도 하나님이 이삭의 생명을 다시 돌려 주실 것이라는 확신이 있었다.

영생하신 여호와의 이름을 부른 아브라함

이삭을 번제로 드리라는 명령을 하시기 전인 창세기 21장 33절로 잠시 돌아가 보자. 아브라함은 브엘세바에서 에셀나무를 심고 영원하신 여호와의 이름을 불렀다고 하였다. 하나님의 언약을 얼마나 성숙한 신앙으로 신뢰하고 있는가를 보여 주는 모습이다.

아브라함이 영생하신 여호와의 이름을 불렀다는 것은 영생하신 그 하나님의 언약이 자기 당대에서만 효력이 있는 것이 아니라 영원할 것임을 믿고 고백하는 행위였다.

그리고 이제 성경은 "그 일 후에"라고 한다. 영생하시는 하나님이, 영생하시는 여호와 하나님의 이름을 부르는 아브라함을 부르신다. 하나님이 기뻐하실 믿음이 그에게 있음을 드러내시기 위하여 시험하려고 부르신다.

사랑하시기 때문에 시험하시는 하나님

하나님은 때때로 시험을 통해서 우리 안에 있는 것들을 들춰내신다. 시험이 없으면 우리 안에 무엇이 감추어져 있는지, 어떤 잘못과 부족이 있는지 우리가 알 수 없기 때문이다.

일반적으로 우리는 순탄하고 형통하면 내가 생각하고 행하고 있는 것이 바른 것이며 하나님이 기뻐하시는 것으로 착각할 수 있다. 그래서 하나님은 우리를 사랑하시기 때문에 시험을 주신다. 하나님이 기뻐하시는 모습으로 만들어 가시기 위해서 시험을 하신다.

물론 창세기 22장의 아브라함처럼 영적 경건함이 충만할 때 시험을 받는다면 갈등 없이 순종의 모습을 보이겠지만, 우리가 말씀과 기도로 충만하지 않을 때, 경건하지 않을 때, 부족하고 연약에 차있을 때 시험을 받는다면 우리는 하나님께 무엇을 보여 드리게 될까?

속에 있는 더럽고 추한 불경건을 하나님 앞에서 숨김없이 드러내게 될 것이다. 이때 우리는 이것을 감추려 하거나 변명하려 해서는 안 된다. 그래 보았자 소용 없을 뿐만 아니라, 이를 감추려다가는 또 다른 허물을 저지를 수밖에 없기 때문이다. 하나님은 다 아신다. 그리고 다 아시기 때문에 우리를 시험하신다는 것을 기억해야 한다.

우리는 하나님이 시험하시는 사건을 통해서 후다닥 깨달아야 한다. 즉시로 나를 시인해야 한다. 중심으로 통회하는 상한 심령이 되어야 한다(시 34:18). 그런데 이렇게 하기 위해서 우리는 말씀의 눈으로 자신을 볼 줄 아는 영적 통찰력을 지녀야 한다. 반복적으로 계속되는 언약에 대해서 특별히 예민해져야 한다.

여호와를 경외하며 그분의 변함없는 사랑(헤세드)에 소망을 두고 자신을 시인할 때 하나님의 눈길은 우리 위에 자비롭게 멈추신다는 것을 기억하자(시 33:18).

아버지를 따라 순종의 신앙을 보이는 이삭

이삭을 번제로 드리라는 명령에 대하여 나타낸 반응으로 아브라함은 하나님의 언약을 얼마나 신뢰하고 있는지, 그 믿음의 내용과 정도가 어떤지를 하나님께 보여 드렸다.

또한 아들 이삭의 행위로도 아브라함이 믿음으로 충만하다는 것이 증명되었다. 평소 가정 안에서 하나님의 언약에 대한 교육과 경건한 삶의 교육을 어떻게 했는지가 아들 이삭의 신앙의 모습을 통해서 나타났다.

이삭은 번제물이 무엇인지 다 알고 있었다. 번제로 드릴 양이 없다는 것을 알면서도 순순히 아버지가 하는 것을 따랐다. 번제로 드릴 어린양은 하나님이 친히 준비하실 것을 믿었다(창 22:8).

하나님께 예배를 드린 후에 아들과 함께 집으로 돌아갈 것이라고 (창 22:5) 대답한 아버지 아브라함의 말을 들었을 때, 이삭은 그 동안 아버지에게서 배운 하나님의 언약을 온전히 믿고 실천하는 모습을 보여 준다.

이삭이 죽을까 봐 두려워서 벌벌 떨며 아버지에게 살려달라고 애원을 하였다거나, 살기 위해서 저항했다는 내용은 성경에 없다. 아버지 아브라함이 아들 이삭을 결박할 때 아들은 그대로 묶임을 당하고, 아버지가 아들을 제단 위에 놓을 때 아들은 죽음을 면하려고 반항하지 않는다.

여러 번에 걸쳐 아브라함에게 자손에 대한 약속을 확증시켜 주신 하나님이 창세기 17장 19절에서는 아들의 이름을 이삭이라고 지어 주시며, 그 아들과도 언약을 세우시고, 그 후손에게도 영원한 언약을 약속하셨다. 그런데 만약 이삭이 지금 번제물로 바쳐지고 죽는다면 이 약속은 깨져 버리는 것이다. 하지만 결코 그럴 수가 없다. 왜냐하면 하나님은 약속을 반드시 지키시는 신실한 분이기 때문이다.

따라서 이삭은 당연히 살아야 한다는 결론이다. 만약 이삭이 번제물로 드려진다 하더라도, 하나님의 언약 성취를 위해서 반드시 다시 살아날 것을 아브라함은 믿고 확신하였다. 그리고 그 아들 이삭도 장차 자신을 통해서 일어날 구원의 일들을 믿음의 눈으로 내어다 보고 자기가 죽지 않을 것을 믿었다. 아버지와 아들이 함께 지극히 높으신 하나님을 경외하는 모습이다.

단순한 순종 정도가 아닌 이 아름다운 아브라함의 믿음에 대해서 히브리서 11장 19절은 이렇게 기록한다. "그가 하나님이 능히 이삭을 죽은 자 가운데서 다시 살리실 줄로 생각한지라."

하나님의 언약이 이루어지고 있는 현장에서 아버지도 아들도 모두 담대하게 하나님이 하실 일을 기다렸다. 실로 철저하게 하나님의 말씀을 신뢰하고, 그 말씀에 지배받고, 그 말씀으로 평강을 누리는 경건한 삶의 극치를 보여 준다. 아브라함이 이삭과 함께 얼마나 경건한 삶을 살았는지, 언약의 의미가 무엇인지를 얼마나 묵상하고, 잘 가르치고, 전달하였는지를 보여 준다.

그리고 이삭은 이러한 아버지의 가르침을 믿음으로 받아들이고 하나님이 주관하시는 언약의 현장에서 자신의 몫을 믿음의 행위로 기꺼이 동참하는 신앙을 고백하였다.

자신들의 후손을 통하여 구원의 메시아가 여인의 후손(창 3:15)으로 오실 것을 바라고 확신하는 절대적인 믿음이 있었기에, 담대함으로 하나님의 명령에 따라 아버지와 아들이 함께 번제를 드렸다. 그리고 이들 부자는 살아계신 하나님을 체험하고 경외함으로써 언약의 신앙을 자손들에게 계승시키는 복의 조상이 되었다.

이삭을 살려 주심 vs. 예수님을 죽게 하심

> 여호와의 사자가 하늘에서부터…아브라함아 하시며 이르시되 그 아이에게
>
> 네 손을 대지 말라 그에게 아무 일도 하지 말라. _____ 창 22:11-12

하나님은 이삭을 살려 주신다. 이삭의 생명을 대신해서 번제로 드려질 숫양을 예비하여 이삭이 죽지 않고 살게 하신다. 그리고 그 순간에 아브라함의 후손(씨)을 통해서 복을 주시겠다는 하나님의 약속이 지켜지고 있음을 증명하신다.

그런데 이삭을 살려 주신 하나님이 아브라함의 씨에서 나신 메시아 예수 그리스도는 왜 살리지 않고 죽게 하셨을까? 말씀 한 마디만으로도 자기 백성을 능히 구원하실 수 있는 전능하신 하나님은 왜 굳이 예수님을 죽게 하셨을까? 하나님이 왜 아브라함의 아들 이삭은 살려 주시고 하나님의 아들인 예수 그리스도는 십자가에서 죽게 하셨을까?

아브라함의 후손 중의 "한 씨" 곧 메시아가 자기 백성을 구원하러 오신다는 것이 언약의 내용이기 때문이다. 그래서 이삭을 살려 주셨다. 그러나 예수님은 대속의 제물로 죽으시기 위해서 이 땅에 오셨다. 마치 이삭을 대신해서 하나님이 예비하신 숫양이 번제물로 드려진 것처럼 말이다.

죄인은 공의의 하나님께 자신의 죄값을 반드시 치러야 한다. 그러나 사랑의 하나님은 자기 백성에게서 직접 죄의 값을 취하지 않으시고, 오히려 성자 예수 그리스도를 죄인을 위한 대속의 제물로 받으시기로 작정하셨다.

하나님은 사랑하는 자기 백성에게 그리스도 예수께서 흘리신 보혈을 통하여 죄 사함의 구속을 얻는 은혜를 베푸셨다. 그래서 예수님을 십자가에서 죽게 하셨다. 메시아로 오신 예수 그리스도의 대속의 죽음으로 하나님의 사랑과 공의를 동시에 만족시키신 놀라운 비밀의 성취를 위해서였다.

> 죄의 삯은 사망이요 하나님의 은사[은혜의 선물]는 그리스도 예수 우리 주
> 안에 있는 영생이니라. _____ 롬 6:23

죄 값을 치르지 않은 죄인은 거룩하신 하나님 앞에 나올 수 없다. 무엇으로도 죄 때문에 잃어버린 하나님과의 관계를 회복할 수 없기 때문이다(롬 3:23). 게다가 인간에게는 스스로 죄의 문제를 해결할 능력도 방법도 전혀 없다.

죄의 값은 오직 사망(영벌) 뿐이다. 그래서 변함없는 하나님의 사랑이 크고 놀라운 구원의 은혜를 베푸셔서 살 길을 주셨다. 그분이 바로 예수 그리스도이시다.

하나님이 택하신 언약의 백성을 살리시기 위해서 하나님의 아들 예수님은 죽으셔야만 했다. 우리가 치러야 할 죄 값을 예수님이 대신 치르기 위해서 죽으셨다. 그래서 이삭을 살리신 하나님이 예수님은 죽게 하셨다. 예수님은 십자가에서 죽으신 대속의 은혜이시다.

선악과를 따먹은 불순종으로 타락한 아담과 그 이후의 모든 하나님의 백성을 대속하시기 위해서 예수님이 오셨다. 옛 언약 아래에서 희미한 가운데 수없이 드려졌던 희생제물의 불완전한 것을 해결하러 예수님이 오셨다.

또한 피 흘림이 없이는 죄 사함을 받을 수 없기 때문에 예수님은 단번에 자신을 피 흘림의 제사로 드려 죄를 없애는 완전한 속죄제물이 되셨다(히 9:26). 죄인이 불완전하게 드리는 제사와 예물을 기뻐하지 않으시며 더 이상 번제와 속죄제를 요구하지 않으시는 하나님의 뜻에 따라, 예수님이 세상에 임하셔서 자신의 몸을 단번에 드리심으로, 우리는 죄로부터 자유롭게 되고 거룩하게 되었다(시 40:6-7; 히 10:5, 10).

이렇게 하나님의 변함없는 사랑은 우리가 예수님의 피를 힘입어 거룩한 성소에 들어갈 담력을 얻게 하신다.

예수님이 십자가에서 죽으신 것은 하나님의 자기 사랑의 확증이다. 자기 백성을 향한 하나님의 사랑이 얼마나 깊고 넓고 오묘한지를 하나님이 직접 하나님을 들어서 증명하신다는 것이다. 성부 하나님이 성자 하나님을 사용하셔서 하나님의 사랑을 증거하셨다.

이런 하나님의 사랑에 대하여 예수님이 친히 말씀하시며 자증하신다. "하나님이 세상을 이처럼 사랑하사 독생자를 주셨으니 이는 그를 믿는 자마다 멸망하지 않고 영생을 얻게 하려 하심이라"(요 3:16).

이 사랑은 무엇과도 비교할 수 없는 완전한 사랑이다. 누가 자신의 생명을 주고 다른 이를 구원해 줄 수 있겠는가? 우리는 이런 사랑을 먹고 사는 자들이다.

기가 막힌 죄의 웅덩이와 수렁에서 끌어올리실 뿐만 아니라 반석 위에 견고하게 서 있게까지 하시는 하나님의 변함없는 사랑이 우리에게 강권하신다. 그러므로 날마다 새 노래(시 40:3)로 은혜의 영광을 찬미하며(엡 1:6) 사는 것이 우리에게 약속하신 하나님의 복을 누리는 성도의 모습이다.

언약 안에서 아브라함이 기다린 것 & 우리가 기다리는 것

독생자 예수 그리스도의 십자가 대속을 통하여 하나님은 구원의 언약(창 3:15)을 성취하셨다. 그리고 하나님의 은혜는 믿음이라는 선물을 우리에게 주셨다. 그래서 우리는 이제 하나님의 은혜언약 안에서 살아간다.

그렇다면 하나님의 언약 안에서 우리는 무엇을 기다리며 어떻게 살아야 할까? 하나님의 언약을 신뢰했던 아브라함과 이삭이 가졌던 믿음을 내 믿음의 내용으로 삼는 것이 그 답이다. 그럼 우리도 언젠가 우리의 믿음을 시험받기 위해서 우리의 생명을 번제물로 드려야 한다는 말일까? 그렇지 않다.

> 너희 몸을 하나님이 기뻐하시는 거룩한 산 제물로 드리라 이는 너희가 드릴
>
> 영적 예배니라. _____ 롬 12:1

예수님이 단번에 드리신 완전한 대속제물로 인해서 이제는 더 이상 피를 흘려야 하는 제사가 필요 없게 되었다. 그래서 우리는 우리 몸을 하나님이 기뻐하시는 거룩한 산 제사로 드려야 한다. 즉 우리의 모든 삶 자체가 하나님께 드려지는 제물이 되라는 것이다. 그래서 우리는 하나님을 위해 일생 동안 자아를 죽이고 말씀에 순종하는 경건한 삶을 살아야 한다.

바울은 이런 삶을 "나는 날마다 죽는다"(고전 15:31)라고 표현한다. 우리는 새 사람으로는 하나님의 법을 즐거워한다. 하지만 그러면서도 내 속에 거하는 죄로 인하여 원하지 않는 악을 행하는 곤고한 사람이기도 하다. 그렇기 때문에 우리는 예수 안에 있는 생명의 성령의

법인 하나님의 말씀에 지배를 받아야 한다.

주권적인 하나님의 변치 않는 사랑은 우리에게 영혼의 요동치 않는 닻이 되어 우리로 하여금 이 땅의 평강을 누리게 하며 영원한 성소에 들어가게 한다. 그래서 우리는 더 좋은 언약의 보증(히 7:22)이 되어 주신 예수 그리스도를 의지하여 하나님이 기쁘게 받으실 신령한 제사를 날마다 생활 속에서 드리는 거룩한 산 제사장(벧전 2:5)이 되어야 한다.

구약의 시대를 산 아브라함은 아직 오시지 않은 메시아, 성취되지 않는 언약을 믿었다. 그러나 신약의 시대를 사는 우리는 오신 메시아가 성취하신 언약을 믿는다. 아브라함은 언약을 성취해 가는 시대에 살았고, 우리는 언약을 완성하는 시대에 살고 있는 것이다.

다시 말해서 아브라함은 예수 그리스도가 메시아로 오실 것을 기다리며 살았고, 우리는 이미 오신 예수님이 심판주로 다시 오실 재림의 때를 소망하며 살아간다. 이것이 아브라함과 우리가 동일하게 믿는 언약의 내용이다.

아브라함은 아직 오시지 않은 메시아를 믿음의 눈으로 미리 보고 기뻐하였다(요 8:56). 우리는 아브라함을 비롯한 신앙의 선진들이 가르치고 증거한 대로 오신 예수님을 말씀 안에서 날마다 만나며 즐거워한다. 그리고 아브라함이 그랬듯이 우리도 여기서 멈추지 않고 더 나은 본향, 하늘의 성을 사모하며 살아간다. 영원세계에서 영화의 몸을 입고 예수님과 함께 하는 영원한 교제와 완전한 안식을 소망하며 산다.

인간은 불순종의 죄로 안식을 잃어버렸지만(창 2:3), 그리스도 예수 안에서 하나님의 안식에 들어갈 수 있게 되었다. 죄로 인하여 수고하고 무거운 짐을 진 사람들(창 3:16-19)에게 예수님은 와서 안식을 얻으라고 친히 말씀하신다(마 11:28).

그래서 히브리서 4장 11절은 믿는 우리가 안식에 들어가기를 힘써야 한다고 말한다. 왜냐하면 그리스도 안에서 회복된 안식은 단지 미래의 소망으로서만 있는 것이 아니기 때문이다.

비록 불완전하지만, 영생의 안식을 소유한 성도는 이 땅에서도 하나님이 주시는 안식을 미리 맛보며 살아야 한다. 지금도 우리 안에 거하시는 임마누엘의 예수님이 우리가 이 땅에서 얻는 안식이심을 기록된 말씀을 통해서 깨달아야 한다.

단번의 피 흘리심으로 우리를 구원하신 예수님 안에서 긍휼하심을 받아 은혜의 보좌 앞에 담대히 나아가자. 그리고 장차 누릴 영원하고 완전한 안식에 잇대어 오늘을 평강과 감사 가운데 살아가자.

언약의 공동체 안에서 누리는 영원세계의 소망

영원세계의 소망은 언약의 공동체인 교회 안에서 더 구체적으로 나타난다. 성도의 모임인 교회를 통해서 우리는 모든 언약의 완성을 기다리며 산다. 그래서 교회에게 가장 중요한 것은 하나님을 예배하고 그리스도 안에서 교제하는 것이다.

첫째, 예배는 살아계신 하나님과 교제하며 안식을 맛보는 최고의 자리이다. 예배는 이 땅에서나 저 천국에서나 변함없이 거룩하신 하나님을 영화롭게 하는 최고의 보화이다.

믿음으로 말씀에 순종함으로써 아브라함은 하나님과 교제하여 하나님의 벗이란 칭호를 받았다(약 2:23). 육체의 죽음 없이 천국으로 데려감을 입은 에녹은 날마다 자신을 산 제물로서 예배하며 하나님과 온전한 교제를 나눈 아름다운 신앙의 선진이다(창 5:24).

둘째, 그리스도 안에서의 교제란 이 땅에서 시작되어 영원세계까지 이어질 하나님과의 교제이며 또한 성도들 간의 교제이다. 성도의 교제란 없어질 장막에 관한 육체의 혈연 관계가 아니다. 그리스도의 보혈로 맺어진 영적 혈연관계인 성도들끼리 믿음의 역사와 사랑의 수고와 소망의 인내를 누리는 그리스도 안에서의 교제이다.

그리스도 안에서 영원세계에 잇대어 안식과 교제를 누리는 성도의 삶은 세상을 향하여 구원의 메시지가 된다. 그리고 길을 잃은 아브라함의 자손들, 우리처럼 택함을 받았으나 길을 잃고 헤매는 하나님의 백성들에게 생명의 길로 인도하는 빛과 소금이 된다. 그래서 우리는 믿음으로 얻은 소망을 세상 사람들에게 전하여서 죄인들이 주께 돌아오도록 해야 한다. 이것이 복음의 수고이며 영혼을 구원하는 사랑의 수고이다.

또한 예수님이 다시 오셔서 언약을 완성하실 때를 기다리며, 우리는 언약의 공동체인 교회 안에서 언약의 의식을 행한다. 아브라함은 할례를 행함으로 하나님의 백성임을 세상에 알렸고, 우리는 세례를 행함으로 그리스도를 통해서 구원받은 것에 대하여 고백하고, 확신하고, 공적으로 표한다.

그리고 성찬을 행함으로 그리스도의 십자가에서 죽으심과 다시 오심을 기억하고, 교회가 보혈의 공동체라는 것을 서로 확인하고, 영원 세계에서 먹을 영원한 생명의 양식을 사모한다. 이로써 우리는 아브라함 때보다 더 발전되고, 더 구체적이며, 더 좋은 언약을 예수 그리스도로부터 받았음을 감사함으로 기념한다.

하나님의 이름을 부르는 기도

삶이 부요하고 평강할 때 우리는 어떻게 감사의 기도를 드려야 할까? 하나님 앞에서 나의 연약과 미련이 들춰졌을 때 우리는 어떤 기도를 해야 할까? 또는 나의 미련이 들통난 것은 아니지만 하나님의 백성으로 살아가면서 원치 않는 어려운 일과 곤란한 일이 생겼을 때, 우리는 하나님께 어떤 간구의 기도를 드려야 할까?

"이렇게 해 주세요. 저렇게 해 주세요." 해결되어야 할 것과 바라는 것을 구체적으로 아뢰는 기도도 물론 필요하지만 그보다 먼저 우리가 해야 할 것은 하나님의 이름을 부르는 것이다. 하나님의 이름을 묵상하고, 그 이름을 부르는 기도이다.

> 아브라함은 브엘세바에 에셀 나무를 심고 거기서 영원하신 여호와의 이름을
> 불렀으며.   ___ 창 21:33

성경에는 "하나님의 이름을 불렀더라", "여호와의 이름을 불렀더라"라는 구절이 많다. 하나님의 이름을 부른다는 것은 그 하나님이 어떤 분이신지 정확히 알고 있다는 것이고, 그 이름의 하나님이 하시는 일을 믿는다는 증거이고, 그래서 그 하나님을 경외한다는 것이다.

그리고 하나님이 가지신 여러 이름 중에 특정 이름을 부르는 것은 그런 속성(성품)의 하나님이 확실히 그렇게 행하실 것을 자기가 믿는다는 고백이다. 예를 들어 평강의 하나님의 이름을 부른다면 "평강의 하나님이 나를 평안하게 인도하실 것이다"라는 믿음의 고백이다.

창조주 하나님, 절대주권의 하나님, 언약의 하나님, 구원의 하나님, 은혜의 하나님, 공의의 하나님, 사랑의 하나님, 긍휼과 자비의 하나님, 신실하신 하나님, 에벤에셀의 하나님, 임마누엘의 하나님, 여호와 이레의 하나님, 무엇이든 하나님의 이름이 증거하는 하나님의 속성을 정확히 알고 불렀다는 것은 그분이 어떤 분이신지 깊이 깨닫고 있다는 것이다.

내가 처한 상황에 대하여 구체적인 내용과 설명이 없다 하더라도 하나님의 이름을 부를 때, 나의 기도는 하나님 앞에 상달된다. 그 하나님 앞에 내가 어떤 존재인지, 그 하나님이 내게 어떤 복을 주셨는지, 그 하나님 앞에서 내가 어떤 잘못으로 곤경에 처했는지, 그 하나님이 내가 가진 어떤 문제를 해결해 주셨는지 모든 답이 나온다.

그래서 하나님의 이름을 깊이 묵상하고 드리는 기도는 의미가 있다. 하나님의 이름을 부르는 기도는 하나님이 관념적인 존재가 아니라 실존하시고 살아계신 분이라는 것을 체험하게 한다.

우리는 기도를 하는 중에 하나님을 생각하기 보다는 오히려 우리의 필요와 문제에만 마음과 생각을 집중할 때가 있다. 그래서 쉬지 않고 우리의 생각을 일방적으로 나열해 놓고는 기도했다고 말하기도 한다.

우리는 하나님께 나의 간구를 아뢰기 전에 먼저 기도를 들으실 하나님에 대하여 깊이 묵상해야 한다. 그리고 그 하나님의 이름을 찬미해야 한다. 이것이 바로 하나님의 이름을 부르는 기도이다. 이렇게 할 때 우리는 나의 문제와 필요보다 하나님께 마음을 집중할 수 있게 된다.

하나님의 이름을 부르며 그 하나님이 기록하신 성경 말씀에 귀를 기울여 들을 때 하나님은 우리에게 응답하신다. 그리고 그 말씀의 깨달음을 가지고 우리가 행할 것은 믿음의 담대함이다. 그래서 우리는 하나님의 이름이 행하실 일과 하나님의 성품을 따라 우리에게 역사하실 은혜를 미리 내어다 보며 확신을 가지고 담대히 기도하되, 결과는 하나님께 맡겨야 한다.

또한 어떤 문제에 봉착했을 때 우리는 그 문제를 하나님께 기도하는 계기로 삼아야 한다. 그리고 그 문제와 관련된 하나님의 이름을 불러야 한다. 그 이름의 하나님을 묵상하는 기도를 할 때, 우리는 그 이름의 속성을 가지신 하나님이 그 문제를 해결해 주실 것을 믿게 된다. 내가 해결해 달라고 말하지 않아도 그 이름의 속성을 가지신 하나님이 이미 그 문제를 해결하고 계시다는 것을 믿는 기도이다.

이렇게 우리는 나의 문제에 집중하는 기도가 아니라, 하나님께 집중하는 높은 차원의 기도를 해야 한다. 그것이 하나님의 이름을 묵상하는 기도이고, 나를 하나님께 맡기는 기도이다.

1 시험을 당하면 겁내지 말고 후다닥 깨닫자

물 풍선이 터지면 물이 나오고 바람 풍선이 터지면 공기가 나온다. 우리 안에 어떤 마음이 들어 있는지 다 알고 계시는 하나님은 마치 풍선을 터뜨리듯이 우리 마음의 상태를 드러내시기 위하여 시험을 하신다.

하지만 하나님의 시험은 우리가 드러낸 것을 가지고 문책하고 벌을 주시는 것이 목적이 아니다. 우리가 스스로 발견하지 못하는 부족과 허물을 하나님이 밝혀서 고쳐 주시기 위한 것이다(시 139:23-24). 은에서 찌끼를 제하듯 우리의 내면세계 전체에 있는 불순물을 제거하시기 위해서 우리를 단련시키시는 것이다(잠 25:4; 시 26:2).

하나님이 주시는 시험은 우리의 믿음을 진품 명품이 되게 하여서 예수 그리스도가 다시 오실 때에 칭찬과 영광과 존귀를 얻게 하려는 축복의 계기이다(벧전 1:7).

2 변함없는 사랑을 먹으며 날마다 새 노래를 부르자

하나님이 베푸시는 사랑의 방법은 무한하며 변함이 없다. 하나님이 베푸시는 그 사랑의 내용은 각인에게 각가지 색의 맞춤형이다. 어제의 그 문제는 어제의 사랑으로, 오늘의 이 문제는 오늘의 사랑으로, 내일의 저 문제는 내일의 사랑으로 찾아와 주신다.

이런 사랑으로 어제도 오늘도 내일도 끊임없이 우리를 먹여 주시는 하나님께 아침마다 새 노래의 제목으로 찬송을 부르자.

3 바울처럼 날마다 죽자

하나님의 법을 즐거워하는 새 사람이 곤고해지지 않도록, 하나님이 기뻐하시는 삶의 소유자가 될 수 있도록 죄의 법에 지배를 받던 나의 옛 사람은 날마다 죽자. 우리의 죄 된 습성을 그리스도와 함께 십자가에 못 박자(갈 2:20).

이처럼 하나님이 기뻐하시는 거룩한 산 제사를 드릴 때(롬 12:1) 우리는 택하신 족속에게 하나님의 아름다운 덕을 선포하는 왕 같은 제사장의 사명을 감당하게 된다(벧전 2:9).

4 하나님의 이름을 부르며 하나님께 집중하자

하나님은 동전을 넣으면 원하는 음료수를 꺼내 주는 자판기가 아니시다. 우리가 당하는 문젯거리는 우리로 하여금 기도하게 만 드는 계기일 뿐, 문제의 해결 자체가 기도의 목적은 아니다.

우리가 처한 상황과 관련된 하나님의 이름을 묵상하고 그 이름 을 부르자. 하나님의 이름이 우리에게 말해 주는 하나님의 다양 한 성품을 묵상하자.

그 하나님의 이름을 부르며, 그 하나님께 집중하고, 그 하나님의 주권을 묵상할 때 우리는 당면한 문제로부터 해결을 받고 자유 와 평강을 얻게 된다.

경외 | 겸손 | 경건

CHAPTER 12

아브라함의 하나님은
나의 하나님인가?

나의 하나님

아브라함의 하나님 이삭의 하나님 야곱의 하나님 여호와라 하라. 이는 나의

영원한 이름이요 대대로 기억할 나의 표호니라. _____ 출 3:15

믿음으로 말미암은 자는 믿음이 있는 아브라함과 함께 복을 받느니라.

_____ 갈 3:6-9

축복은 하나님의 선택을 받은 약속의 자녀들을 통해서 그리고 그들의 믿음에 의해서 계승된다. 즉 언약의 축복은 혈통적 계보가 아닌 영적 계보를 따라 계승된다. 따라서 아브라함과 이삭과 야곱에 이르는 족장 시대에 허락되었던 축복은 복음 안에서 오늘날의 성도들에게도 동일하게 주어진다(창 12:2-3; 갈 3:8).

구약을 보면 "아브라함의 하나님, 이삭의 하나님, 야곱의 하나님"이라는 말이 참 많이 나온다. 한 예로 모세가 애굽에서 노예생활을 하는 이스라엘 백성에게 하나님을 소개할 때 뭐라고 말해야 하느냐고 묻자, 하나님이 직접 이렇게 말씀하신다. "아브라함의 하나님, 이삭의 하나님, 야곱의 하나님, 나 여호와라. 이는 영원한 이름이요. 대대로 부를 나의 표호니라."

그러면 이렇게 한 번 생각해 보자. 창세기와 출애굽기 시대에 "아브라함의 하나님, 이삭의 하나님, 야곱의 하나님"이라고 불렀던 것처럼 오늘날 우리가 나의 이름을 넣어서 "아브라함의 하나님, 김○○의 하나님, 이○○의 하나님, 최○○의 하나님…" 이렇게 해도 되는 것일까? 된다. 그리고 그렇게 해야만 한다.

구약의 이스라엘 사람들은 "아브라함의 하나님"이라고 하면 그 말의 의미가 무엇인지 모두 알아들었다. 이 말 하나만 가지고도 하나님이 어떤 분이시며 무슨 일을 행하셨는지 다 알았다. "이삭의 하나님, 야곱의 하나님"도 마찬가지다.

이스라엘 백성이 이 이름을 들었을 때는 자동적으로 언약의 하나님, 신실하신 하나님, 전능하신 구원의 하나님을 생각하게 되는 것이었다. 하나님의 존재가 나와 어떤 관계인가를 말해 주는 하나님의 이름이기 때문이다.

그렇다면 "아브라함의 하나님"이라는 이름을 통해서 오늘날 나와 하나님과의 관계는 어떻게 확인받을 수 있을까? "아브라함의 하나님은, 가지 말라는 애굽으로 가서 아내를 바로에게 넘겨줬는데도 아브라함에게 야단은커녕 오히려 보화와 약대를 주셨지. 용서하시고 은혜를 베푸셨지. 근데 그거는 아브라함이니까 그렇게 하신 거고, 그 시대가 그랬으니까 그러신 거겠지. 오늘 나에게는 그렇게 안 하시지…." 아니다. 아브라함의 그 하나님은 오늘날에도 동일하게 나의 하나님, 우리의 하나님이시다.

아브라함에게 있었던 동일한 하나님의 은혜가 우리에게도 있다. 그 은혜를 아브라함이 부르고 야곱이 부르며 고백한 것처럼 나도 이 시간 여호와 하나님의 이름을 부를 수 있다는 것을 이 본문을 통해서 배워야 한다.

나의 이유가 아닌 하나님의 이유로

아브라함의 하나님이 나의 하나님도 된다는 것은 나의 이유 때문이 아니라 하나님의 이유 때문이다. 하나님이 언약에 신실하시기 때문이다. 그래서 100% 보장된 관계로 오늘날에도 여전히 나에게 나의 하나님이 되어 주신다.

만약 하나님이 나에게서 나의 하나님 되실 이유를 찾으신다면 나는 한 없이 불안해질 것이다. "김○○이/가 하는 걸 보니까, 저 정도라면 아브라함까지는 아니지만, 어느 정도는 내가 김○○의 하나님이 되어 줘도 되겠다." 이것이 아니다. 나의 이유가 아닌 하나님의 이유 때문에 나의 하나님이 되신다는 것을 믿고 우리는 하나님의 언약을 바라보아야 한다.

모세와 하나님의 대화로 다시 돌아가 보자. 이스라엘 백성의 출애굽에 앞서서 모세는 하나님께 이렇게 묻는다. "제가 이제 애굽으로 돌아가서 이스라엘 백성에게 하나님에 대해서 이야기해야 할 텐데, 하나님을 누구시라고 말해야 합니까?"

하나님은 "내가 천지를 창조했다고 해라. 내가 너에게 떨기나무 불꽃 가운데서 이렇게 이렇게 저렇게 저렇게 했다고 해라. 나는 전능한 자라고 해라"고 말씀하시지 않는다.

지금 애굽에서 노예생활을 하고 있는 이스라엘 백성을 구원하실 거라는 계획을 전하려면, 하나님이 가지고 계신 위대하고 전능한 속성들을 구체적으로 알려 주셔야 하지 않을까? 그런데 출애굽기 3장 15절에서 하나님의 대답은 참 뜻밖이다.

"너는 이스라엘 자손에게 이같이 이르기를 너희 조상의 하나님 여호와 곧 아브라함의 하나님, 이삭의 하나님, 야곱의 하나님께서 나를 너희에게 보내셨다 라고 말하라."

다른 대답도 많으셨을 텐데 왜 이런 대답을 주셨을까? 애굽에 있는 이스라엘 백성에게 시급한 안건은 노예생활의 기가 막힌 핍박에서 벗어나는 것이었다. 그렇다면 그들을 애굽의 노예에서 해방시켜 주실 전능하신 분이라고 설명하는 것이 더 효과적이지 않았을까? 그런데 그렇게 하시지 않고 왜 이 세 사람의 이름을 말하면서 하나님을 전하라고 하셨을까?

창세기 3장에서 구원의 언약을 듣고 믿음으로 고백한 아담의 신앙은 그 자손들에게 계승되어서 아브라함에게 전해졌다. 그래서 아브라함은 하나님이 약속하신 땅에서 횃불언약을 통하여 그의 자손이 이방나라에서 400년 동안 괴롭힘을 당하다가 약속의 땅으로 다시 돌아오게 된다는 구체적인 언약의 내용을 받았다.

그리고 이것을 믿는 아브라함의 신앙은 다시 이삭에게, 야곱에게, 요셉과 열두 아들에게, 그 자손들에게 끊기지 않고 계승되었다. 이러한 신앙의 계승은 애굽에서의 400년이라는 노예생활의 고통 중에도 이어져 왔다.

이제 이스라엘 백성은 그 하나님을 기억하라는 것이다. 그래서 "아브라함의 하나님, 이삭의 하나님, 야곱의 하나님" 이 말 하나에 담겨져 있는 하나님의 역사, 하나님이 이스라엘 백성에게 하신 모든 일, 노아의 사건을 비롯하여 조상들에게 행하신 모든 구원의 역사를 다시 돌이켜 보라는 것이다. 그 조상들의 하나님이 이제 약속대로 애굽에 있는 그들의 하나님이 되어 주시어 구원하신다는 것이다. 이보다 더 확실한 설명과 대답이 없기 때문에 하나님은 모세에게 이렇게 말하라고 하신다.

그럼 여기서 내가 나의 믿지 않는 가족과 친척 그리고 지인에게 전도를 한다고 가정해 보자. "하나님 믿으세요. 그래야 천국가요"라고 했더니 질문을 해 온다. "하나님이 누군데? 하나님이 어떤 분이신데 천국가게 한다는 거야?" 그래서 내가 대답한다. "최은희의 하나님입니다. 그러니까 믿으세요."

만약 이렇게 말한다면 과연 누가 하나님을 믿을까? 아마 아무도 안 믿을 것이다. 물론 극단적인 가정을 해 본 것이지만 이것이 우리가 생각해 볼 문제이다. "최은희의 하나님"이라는 말이 과연 듣는 사람들에게 얼마나 구원으로 초대하는 복음이 될 수 있을까?

이 말을 들은 사람들은 다시 한 번 '최은희'라는 개인과 관련된 모든 것을 연상해 볼 것이다. 사람들마다 다르겠지만 긍정적인 평판보다는 부정적인 평가가 더 많을 것이고, '최은희'에 대한 평가물은 사람들로 하여금 하나님을 믿고 싶다는 생각이 들게 할 만큼 매력적이지 않을 것이다.

하나님은 언제나 내 삶에 동행하셨다. 변함없이 나를 사랑하시고 약속하신 복을 주셨다. 그래서 나는 하나님의 복을 누리며 사는 신앙인이다. 그런데도 나는 삶을 통해서 나와 동행하시는 사랑의 하나님을 제대로 증거할 만큼 경건하지 못 했다는 결과이다. 그래서 사람들에게 "최은희의 하나님"이라는 말은 복음의 통로가 되기 어렵다.

그런데 이스라엘 백성은 노예생활의 고통 중에서 "아브라함의 하나님, 이삭의 하나님, 야곱의 하나님"이라는 말만 듣고도 그 하나님이 자기를 구원할 자라는 것을 믿고, 그 말을 전한 모세를 따라 애굽에서 나왔다. 그만큼 아브라함과 이삭과 야곱은 자신들의 삶을 통해서 하나님이 누구신지 충분히 보여 주고 가르쳤다는 것이다.

그러므로 우리는 내가 믿고 부르는 하나님의 이름이 부끄러움을 당하지 않도록 해야 한다. 나의 경건한 삶을 통해서 하나님이 나타나도록 살아야 한다. 내 입을 통해서 "하나님"이라는 이름이 나올 때, 믿지 않는 자들이 듣고 하나님을 알게 되고 그 하나님 앞으로 나올 수 있도록 우리는 살아야 한다.

"아브라함의 하나님"이라는 이름이 주는 복은 아브라함이 살던 족장 시대나 출애굽을 위해서만 허락된 것이 아니라, 언약 안에서 모든 성도가 믿음으로 받을 복이 있음을 예증한 것이다. 그래서 우리 시대에도 신앙의 공동체 안에서 함께 부르며, 전하고, 가르쳐야 할 동일한 하나님의 이름이 되는 것이다.

나의 연약과 허물에도 상관없이 아브라함의 하나님은 여전히 나의 하나님이시다!

1 아브라함의 하나님 = 나의 하나님

하나님의 이유 때문에 아브라함을 택하시고 약속을 주신 하나님은 옛적부터 여러 부분과 여러 모양으로 선지자들을 통해서 이 사실을 우리에게 알려 주셨다(히 1:1). 그리고 이제 그리스도 예수 안에서 더 확실히 보증된 약속을 가지고 하나님의 이유 때문에 나의 하나님이 되어 주셨다.

내 입을 통해서 하나님의 이름이 나올 때 부끄럽지 않도록 경건하게 살자. 이스라엘 자손이 "아브라함의 하나님"이란 말을 신앙의 고백으로 사용한 것처럼 나의 이름을 붙여 하나님을 부르는 나의 자손들이 아름다운 신앙고백을 할 수 있도록 우리도 신앙의 유산을 남겨 주자.

신앙의 법칙

경외 | 하나님이 어떤 분이신지 제대로 알기

겸손 | 그 하나님 앞에서 나의 나 됨을 시인하기

경건 | 말씀에 지배받아 하나님이 기뻐하시는 삶 살기

하나님이 약속하신 복을 누리는 법칙

신앙의 법칙: 창세기

초판 1쇄 발행 | 2014년 6월 15일

지은이 | 최은희
펴낸이 | 김영욱
발행처 | TnD북스

출판신고 제315-2013-000032호(2013. 5. 14)
서울특별시 강서구 수명로 2길 105, 518-503
대표번호 (02)2667-8290
홈페이지 www.tndbooks.com
이메일 tndbooks@naver.com

ISBN 979-11-950475-1-2 03230
ⓒ 최은희